孩子，你要为自己读书

你读过的书，将照亮你未来的路

沈念◎著

中国友谊出版公司

图书在版编目（CIP）数据

孩子，你要为自己读书 / 沈念著．— 北京 ：中国友谊出版公司，2019.11（2020.6 重印）
ISBN 978-7-5057-4819-4

Ⅰ．①孩… Ⅱ．①沈… Ⅲ．①学习心理学—青少年读物 Ⅳ．① G442-49

中国版本图书馆 CIP 数据核字（2019）第 214035 号

书名 孩子，你要为自己读书
作者 沈 念
出版 中国友谊出版公司
发行 中国友谊出版公司
经销 新华书店
印刷 三河市冀华印务有限公司
规格 787×1092 毫米 16 开
16 印张 194 千字
版次 2019 年 12 月第 1 版
印次 2020 年 6 月第 2 次印刷
书号 ISBN 978-7-5057-4819-4
定价 45.00 元
地址 北京市朝阳区西坝河南里 17 号楼
邮编 100028
电话 （010）64678009

目录

第一章

我们为什么要读书

读书是人生头等大事

读书的目的是什么

读书是一件快乐的事

读书是人生头等大事

人生是一座高峰，

读书是人生的阶梯。

那些我们读过的书，

都会成为我们成长的基石。

“要多读点书，以后才不会吃没文化的亏。”

“现在多读书，长大以后才能找到好工作。”

“你看你书也不读，只顾着玩，以后你靠什么过日子。”

相信不少同学都听过父母的这些“口头禅”，然而正处于青春期的我们大概尚未懂得父母的苦心。在我们看来，读书是一件枯燥的事情，而且它对于未来的影响也都是未知的。

所以，在很多同学看来，待在家里读书远不如跟小伙伴们一起到外头打闹有趣。毕竟在年少的我们眼中，不读书也许会使我们更加快乐。

然而，事实真的是这样吗？我们下面不妨看一下J.E.辛格在《狼孩和野人》中所记载的一个故事：

1920年，印度发生了一件轰动全国的事情：在印度加尔各答附近的一个小山村里，人们发现了两个由母狼抚养长大的小孩子。其中年龄较大的孩子也只有七八岁，而小的那个孩子大概只有2岁。

一开始找到狼孩的时候，大家都不知道该如何安置他们，后来政府决定先将他们送到孤儿院里照顾一段时间。只是，尽管孤儿院的工作人员费尽心思对他们百般照料，最终却是无济于事，因为这两个“狼孩”的生活习惯已经定型，完全跟狼一模一样。

他们习惯用四肢走路，喜欢白天睡觉，晚上则四处活动。他们饿了就往其他孤儿的身上咬，直到工作人员给他们送来肉食才肯松口。重要的是，无论工作人员怎么努力，他们始终学不会说话，而且每到午夜时分他们还会像狼一样嚎叫……

由于不习惯人类的生活环境，那个小的“狼孩”在回到人类社会第二年就去世了，而另一个七八岁的“狼孩”一直在人类社会中生活了9年。在这九年中，工作人员夜以继日地给她进行人类社会的教育，然而她在去世之前只学会了45个单词，勉强能够直立行走。根据书中所言，她去世的时候估计只有16岁，但智力却只有普通人三四岁时的水平。

后来，科学家与生物学家对此事进行了研究，他们发现“狼孩”并不存在先天性缺陷，他们身体上所有的功能与普通人无异。事实是，两个“狼孩”由于后天的生活环境影响而变得无法适应人类社会。这一故事说明了：人类的知识与才能，乃至于直立行走都并非与生俱来的本能，这些都是我们后天经过努力训练的成果。而且在每一个阶段，人的大脑都有不同的发育特点，如果我们错过了3岁时的语言学习期，那么大脑以后就不会具备学习语言的能力。

读书也一样，试想一下：如果我们在应该读书的时候选择了每天打打闹闹荒废时光，那么，在我们长大以后，当身边的人都已经完成了学业，在上学的过程中学到了很多知识时，我们又该如何融入他们的圈子呢？

如果我们在童年的时候只顾着玩乐而忘却了学习，那么我们日后也会像这两个“狼孩”一般，看着他人出口成章，而我们则什么都不懂。重要的是，当我们知道读书很重要，想要开始读书的时候，我们可能跟那两个“狼孩”一样，无法改掉过去贪玩的习惯，甚至无法融入这个崇尚知识的社会中。

所以说，读书是人生的头等大事，它不仅能够让我们在大脑发育最迅速的时期获得足够的知识，让我们能够更好地融入社会中，而且还能够让我们在阅读的过程中形成自己的价值观，成为自己想要成为的人。

如果一个人永远不读书，那么他就永远不会成长，并且会在时光的流逝中活成一座孤岛，因为没有一个人愿意跟不成长的人交朋友。只有愿意不断进步的人，才能成为人群中最耀眼的那一位，因为那些读过的书，终将会成为我们成长的基石。

人生就像一次旅行，在途中我们会遇到许多美丽的景色与许多有趣的人。所以我们要好好整理行囊，做好一切准备，才能在这趟人生之旅中看到不一样的风景。

而读书就是开启人生之旅的第一步，它是我们踏出新征程的头等大事。一个人唯有不断地成长，才能够看到世界上更多的风景，才能够感受到未来的美好。

读书的目的是什么

学问的根本之道在于德行，

如果一个人德行不端，

那么拥有再多的知识也不会被社会所容纳。

读书究竟是为了什么？我想每一个同学都想过这个问题，可答案呢？恐怕能讲得出原因的同学并不多。

我们都学过这么一篇课文——《为中华之崛起而读书》，讲的就是周恩来总理年少时所经历的一件事情。

那年，12岁的周恩来随着三伯来到东北读书，课堂上老师问学生："你们为什么而读书呢？"同学们众说纷纭，有人认为读书是为了光耀门楣，有人说读书是为了继承家业，而周恩来在回答这个问题时道出了自己的理想：为中华之崛起而读书！

正是因为周恩来总理从小就明白自己的抱负与理想，所以他才能够在日后成为世界人民敬仰的一代伟人。作为祖国的未来，作为中华民族的希望，我们也应该在心里问自己一句：我为了什么而读书？

大部分同学在面对这个问题的时候可能会说："我是为了父母而读书""为了成绩而读书"。也许在成年人看来，这样的回答实在是有点"不太懂事"，然而，作出这样的回答也不是没有原因的。

从小到大，很多人在读书这件事上，很多时候都是由父母决定的，无论是读什么学校、学习什么兴趣班、学习什么内容等都是父母帮我们做出选择，我们从小就听从父母的安排，所以很多同学就会有“为父母读书”的误解。

可是，当我们这样想的时候，不妨回过头再想一下这个问题：父母为什么希望我们读书？

几乎所有的父母都希望自己的孩子能够读好书，希望孩子们日后能够成为国家栋梁，可是他们真的仅是希望我们能取得好成绩吗？答案当然是否定的。父母要求我们读好书，最大的期盼还是希望我们长大以后能够实现更好的独立，能够拥有正确的价值观与人生观。

要知道，在科技如此发达的现代社会，如果一个人没有足够的知识储备与一技之长，那么他能够选择的生存之路就会少之又少，甚至会在时代发展的洪流中被淹没。

因此，无论我们将来想要成为怎样的人，读书都是为我们的未来与梦想打好基础的唯一途径。也许在现在的我们看来，读书的时光是漫长的，与文字做伴的生活是枯燥的。可是，如果我们年少的时候不好好读书，将来又怎么能够实现自己的梦想呢？

那么，我们读书的目的就是单纯为了一纸文凭与将来更好地发展吗？也不尽然。虽然在如今大多数家长的眼中，读书的目的是为了获得高学历、为了长大以后多赚钱，可实际上如果单纯为了名利而读书，这对于每一个正在成长的孩子而言都会是一种误导。

就像一些犯罪分子，他们有着极高的智商与知识水平，可是他们并没有将自己的知识与能力用到社会和个人的发展上面，而是专门用来破坏或者窃取他人的劳动成果，这样的人永远都不会得到社会的认同，他们的行为甚至还会使他们受到法律的制裁。

在《朱子治家格言》中有这么一句话："读书志在圣贤。"学问的本质在于德行的不断完善，如果一个人德行不端，那么即使拥有再多的知识也不会被社会所容纳。反之，如果一个人通过读书提升了自己的人格修养、生活智慧，那么他日后定会成为一名受人敬仰的社会精英。

所以说，读书的目的不仅在于增长知识、提升自我，同时我们也需要通过读书去培养自己正确的价值观，修身立德。唯有如此，当我们长大步入社会以后才能够在正确价值观的指导下充分发挥自己的才智，在奉献社会的过程中发现自己的价值所在。

读书是一件快乐的事

我们宁可将书本丢到一旁，
宁可天天睡大觉、打游戏，
也不愿意主动阅读，
这样的话，我们永远也感受不到读书的快乐。

看到这个标题的时候，相信很多同学都一定会问：读书真的是一件快乐的事情吗？为什么我们身边那么多人都厌倦读书？

不得不说，在现实生活中的确有很多同学不太喜欢读书，他们宁愿每天下课后跟小伙伴们聊天打闹，也不愿意回到家中安安静静地读一本书。

不知道大家有没有过这样的经历：当我们拿起书津津有味地读起来时，我们会暂时忘记时间与身边所有的琐事，会沉浸在书中那跌宕起伏的故事中，为故事中主人翁的成功而欣喜，为他的失败而悲伤……

书是我们的朋友，它就像一个循循善诱的老人家，跟我们讲述不一样的故事。我们之所以有时候会对读书感到厌烦，主要原因还是在于我们总是顾着玩而忘记了与书“交友”。

陈毅在年少的时候就是一个喜欢跟伟人“交朋友”的人，他每时每刻都将书本带在身边，有空的时候就会看上几页。如果他发现了一本好看的书，往往会高兴一整天。有一天，他到亲戚家，与亲人一起共度中秋，进了门之后他发现亲戚的书架上有一本自己很想读的书，他瞬间就忘记了步行几十里路的疲倦，立即取过书到一旁专心地读起来。

亲戚看他如此用心读书，还拿着笔一边读一边做笔记，于是便没有上前打扰。到了饭点时，亲戚发现陈毅依然坐在书房认真读书，只好将蒸好的糍粑给他端来。

过了一会儿，亲戚吃过了饭回到书房，发现陈毅此时竟然满嘴是墨，便叫来了所有亲友。大伙一看，顿时哄堂大笑，笑得陈毅不知所以。过了很久，陈毅才发现原来他只顾看书，不经意间竟然把糍粑伸到砚台，蘸上墨汁往嘴里送，还将墨汁当成了白糖，吃得津津有味。

看大家都在取笑自己，陈毅幽默地说："吃点墨水也没关系，我正觉得我肚子里的墨水太少了呢！"

后来，热爱阅读的陈毅留学法国，并在日后为国家的发展做出了巨大的贡献。时至今日，每当大家讲起陈毅的时候，都会说起他"吃墨水"的故事。

我想很多同学都知道这个故事，可是大家有没有想过，为什么陈毅会在读书的时候把墨水错当成白糖呢？那是因为他已完全沉浸在书中，在阅读中找到了无可取代的快乐，阅读的快乐，让他与书融为一体，忘记了身边发生的事情。

古今中外，类似的例子并不在少数，除了嗜书如命的陈毅，著名学者闻一多也曾经因为沉浸在读书的快乐中，闹出了笑话。

闻一多结婚当天，洞房里张灯结彩，前来祝贺的客人络绎不绝，大家都很兴奋。宾客们都到齐了，闻一多却始终不见踪影，宾客们纷纷起身寻找，都不知道闻一多藏身于何处。

迎亲的花轿来到了家门口，新郎闻一多还是没有出现。最后，还是一位朋友在书房找到了他。这时候的闻一多穿的还是一件破旧的衣服，手捧着一本书读得入了迷。大家纷纷来到书房催促闻一多去迎接新娘，这时他才想起今天是自己结婚的大喜日子。

从此以后，大家都说闻一多不能看书，因为他一看就“醉”，沉迷其中不能自拔。如果读书本身真的枯燥无味，让人厌烦，那为什么陈毅、闻一多等名人会在读书的时候忘记了身边的一切，沉浸在阅读当中呢？

其实，很多同学并不是真的对读书感到厌烦，而是因为他们还没有感受过读书的乐趣与快乐。也正因如此，他们才会将书本抛弃一旁，宁可在家睡大觉、打游戏……其实，想要感受到读书的乐趣，最重要的是自己要主动去读书。所以，当我们有空的时候，不妨拿起书好好读一读，你一定会发现其实读书的时光比起无所事事会快乐得多，希望每一个人都能够感受到读书的乐趣。

第二章

读书改变命运，学习成就未来

读书是改变命运最有效的途径

学习，是我们成才的基础

学会活学活用，相信我们的未来会因读书而改变

读书，让未来变得更加美好

读书，能开阔我们的视野

书籍是人类进步的阶梯

读书是改变命运最有效的途径

读书学习能开阔我们的眼界，

让我们看到更好的未来，

让我们不断进取，

改变自己的命运。

曾经有一个孩子向我抱怨说：“我再也不想上学了，同学们的爸爸妈妈都给他们买最新款的球鞋，买最好的文具，而我的爸爸妈妈就只会关注我的成绩。”

听到这句话时，我的关注点并不在于这个孩子的攀比心态上，而是在想：如果你现在真的不上学了，以后你该如何改变自己的命运呢？

对于很多人而言，青少年时代恐怕是他们人生中最快乐的时光。这时候的大家正值青春，人与人之间没有太大的差距，只要付出了足够多的努力，就能够不断前进，在同龄人中脱颖而出。

在这段无忧无虑的青春时光里，似乎没有什么能够比读书更能够提升我们的能力了。通过读书，我们可以不断地充实自己，将书本上的知识化为自己的智慧，长期坚持阅读，我们还能够从书本中获得一股强大的力量，并为我们未来的人生之路奠定坚实的基础。

我们发现，凡是热爱读书的同学，身上都会散发出一种积极向上的气质，这种气质能让他们在以后的生活中披荆斩棘，完成人生的蝶变。一个国家的发展也一样，凡是崇尚阅读、追求真知的国家，它的百姓也往往会拥有更多的民族优越感与智慧。

与年均阅读64本书的犹太人相比，我国国民的年均阅读量少得惊人。在我国人均阅读量排名第一的上海市，平均每人每年阅读8本书籍，而全国国民的年人均阅读量仅为4.56本。

从数据分析可以看出，犹太人十分热爱读书学习，他们通过大量的学习，巩固了民族的文化基础，改变了整个民族的命运，其中，毕加索、爱因斯坦、马克思等犹太人更是凭借着出色的个人知识水平而改变了人类发展的进程。权威统计数据显示，20世纪共有680人获得诺贝尔奖，有152名犹太人位列其中，占总人数的22.35%。

除了科学领域的成就之外，犹太人在经济领域也有着出色的表现——在某种程度上说，罗斯柴尔德、索罗斯、巴菲特、鲍尔默等商业大亨可谓垄断着世界经济的命脉。犹太人的富有更是世界闻名，国际上流传着这么一句话：三个犹太人坐在一起，就能够决定这个世界经济发展的走向。

一个仅仅有1600万人的种族能够在科学与经济方面取得如此大的成就，这与他们时刻对阅读保持热情有着极大的关系。当然，我们读书不能只是为了取得像犹太人那样的成就，还要通过读书学习不断开阔自己的眼界，不断进取，改变自己的命运，拥有更美好的未来。

我国著名的数学家华罗庚出身寒微，曾经因为交不起学费而辍学。因此，他不得不在家里的杂货店当学徒，然而他并不想就这样浑浑噩噩地度过一生，于是，他开始利用业余时间自学数学。

祸不单行。没过多久，华罗庚又由于感染伤寒而落下了终身残疾，但他依然不向命运妥协，始终坚持读书、学习。在1930年的一次学术探讨中，华罗庚的言论引起了清华大学理学院教授的关注，最终，他顺利地从一个小小的杂货店学徒变为清华大学的学生。

在清华求学几年之后，华罗庚被保送到英国剑桥大学留学，当时他在数学领域的研究成果已经引起了国际学术界的重视。一时间，年纪轻轻的华罗庚声名鹊起，无数年轻人都以华罗庚为榜样，争相学习他的刻苦求学的精神。

有人问起华罗庚改变命运的秘诀，华罗庚对此直言不讳："不怕困难，刻苦学习。"不管是犹太人还是华罗庚，他们改变命运的途径都是读书。如果没有书的指引，他们对未来可能不会有任何憧憬；如果没有书中的知识，他们也许根本没有能力改变自己的命运。

所以说，当我们对自己身处的环境感到不满时，不妨尝试着努力读书、学习，让自己在知识的武装下变得更加强大，让未来多一种可能。

学习，是我们成才的基础

朝着梦想前进的路上，

总会有书香的陪伴。

每一个到达梦想彼岸的成功者，

都是踏着一本又一本的书过来的。

每个人都有自己的梦想，你的梦想是什么呢？

踏上这趟人生的旅途，谁也不甘落后于人。没有人希望自己的未来变得平庸，谁都希望自己的未来能够多姿多彩，希望自己在前往光明与美好的路上一路畅通。

相信大家也一样，希望长大以后能够成为自己理想中的样子，有的同学希望将来能成为一名科学家，有的同学希望长大以后能当上律师，还有不少同学希望能够成为作家、舞蹈家、钢琴家，等等。

然而，这一切实现起来可并不容易，因为这些职业都需要拥有丰富的专业知识。试想一下，如果科学家没有了科学知识，他还能推动科学的进步吗？如果律师没有了法律知识，他又怎样为无辜的百姓打抱不平？如果作家没有了组词造句的能力，舞蹈家没有了创造美和欣赏美的能力，他们又怎么创作出脍炙人口的文学作品，跳出曼妙无比的舞姿呢？

凡是有远大理想的人，无一例外地拥有着过人的眼界与丰富的知识。那么我们怎样才能够获取我们需要的知识，使未来的人生能够符合我们的想象呢？

答案就是多读书。有人通过实践去探索大自然的秘密，并且将所思所得记录在纸上，于是就有了科学书；有人对人类的发展历史再三探讨，并且总结出历史的规律，于是便有了历史书；有人专注于思考人与世间万物的联系，于是就有了哲学书；还有人将生活中的点点滴滴记录下来并进行艺术加工，于是就有了文学书。

而这些书籍正是我们这个时代所拥有的宝藏，是指引我们通往美好未来的路标。所以，我们要学会从书本中汲取各种知识，为日后的成才奠定稳固的基础。历史上因为专注于读书而成才的例子数不胜数，著名学者张载便是其中最具有代表性的人物。

张载是宋朝的一员大儒，年少时的他调皮好动，不愿读书，只梦想着在沙场上奋勇杀敌。在他20岁那年，他准备投奔宋朝名将范仲淹，欲跟随范将军一同行军打仗。

然而，范仲淹在跟张载聊了一会儿后，说："趁着现在还年轻，你应该回去多读书，不要在这个本应积累知识的年纪荒废时光。要知道，报效国家的机会还有很多，可是读书的机会却越来越少了。"

说罢，范仲淹还送了张载一本《中庸》，临别前再三叮嘱："书中自有黄金屋，你回去好好读书，自然能够成就一番丰功伟绩。"自此，张载摒弃一切杂念，苦读《中庸》，专心求学，最终成为宋朝的一代学者。

对于张载来说，开始读书的那一刻，便是他一生的转折点。如果他不曾努力读书，也许他穷尽一生也不过是一名战场上的悍将，永远无法成为流芳百世的大儒。正是这本《中庸》，奠定了张载成为大学者的基础。

也许我们并没有张载这样远大的理想，可是读书却能够实实在在地为我们日后的发展助力：如果你从小开始积累语文知识，那么走入社会以后你的文字水平定然会高于其他同龄的小伙伴；如果你从现在开始学习外语，几年后你很可能会成为班级里的“外语小达人”；如果从现在开始你每日坚持读书学习，那么在不久的将来你定会被人称为“行走的百科全书”。

所有的成功都离不开刻苦钻研，如果没有挑灯夜战的努力，我们又怎能够在人群中脱颖而出。朝着梦想前进的路上，总要有书香的陪伴，每一个到达梦想彼岸的成功者都是踏着一本又一本的书不断前行过来的。

如果你真的对梦想有所期盼，那就赶紧拿起书来，细细品味知识的魅力，让知识的力量为梦想中的大楼添砖加瓦吧。

学会活学活用，相信我们的未来会因读书而改变

纸上得来终觉浅，

绝知此事要躬行。

懂得活学活用，

才是阅读最大的意义。

不知道大家有没有想过，阅读究竟是一种什么样的状态？是默默地翻阅书本还是大声朗读？这些回答其实都流于表面，阅读除了读之外，还要用心将所学的内容运用到生活当中。

《论语》中记录了孔子说过的这么一句话："学而时习之，不亦说乎。"一般大家都会将这句话的含意理解为在学习新知识的同时也要注重复习过去的知识，这是一件开心的事情。而我对这句话的理解更偏向于语言学家杨伯峻的解释：学了知识，然后定时去将它运用，难道不是一件开心的事情吗？[1]

是的，所谓"习"，在古代的时候也可以解释为"运用"的意思，所以学习的意思是既要努力学知识，同时也要将知识运用到生活当中。如果我们学了知识而不用，我们很快就会将知识忘记，我们在学习上所耗费的时间也

[1] 该说法源自杨伯峻的《论语译注》。

会变得毫无意义。

上海有一个48岁的男士，名叫大卫，从小就被身边人称为“天才神童”，而他也不负众望考上了重点大学，后来又考取了加拿大滑铁卢大学的工程硕士学位。

一般来说，这么棒的学历，一定会让大卫拥有一个多姿多彩的人生。事实上，他2012年回国后，却一直没有上过班，每天就窝在家里打游戏，生活日夜颠倒，还得从82岁老母亲微薄的退休金里搜刮生活费用。

屋漏偏逢连阴雨，没过几年，大卫的老母亲不幸患上了尿毒症，每周她都必须自己乘公交到医院做三次透析。尽管经济状况已经不尽如人意了，可这个曾经的高才生却仍然我行我素，在捉襟见肘的生活费里拿出一部分来供自己开支，早已将自己所学的知识丢弃。

被逼无奈之下，老人家只好到法院状告儿子，希望通过法律强迫儿子出门工作，让大卫自食其力去干活挣钱。可事实上，法律也没有办法让大卫洗心革面，重新工作。

一个名校毕业的硕士生，为何会沦落到啃老10多年的地步呢？原因之一，就是因为他只知道死学书本的知识，不清楚自己应该负起什么责任，也不能学以致用。这种学而不用的做法不仅毁了自己一生，而且还影响了他人的生活。

从这个故事里我们可以看出，我们不仅要将知识吸收到自己的脑袋里，还要将脑袋里的知识运用到生活中，二者缺一不可。更重要的是，运用知识可以让我们进一步地巩固知识，不断地学习又可以使知识在运用的过程中不断地优化，唯有如此，学习与运用才能形成一个良性循环。

真正的知识只有在被运用的时候，才能够体现出它的价值。有的同学说，那有些知识不能运用到生活中，岂不是没用的知识？其实不然，所有的知识都有其存在的价值，只是有些知识使用的场合较少，有些知识对我们的影响是在潜移默化中产生的，我们没有感觉到而已。

举个例子，我们在学习英语的时候也许没有想过日后我们会用上这门外国语言，但是当我们遇到外国朋友或是在工作中需要跟外国人进行沟通的时候，这些知识就有了意义；在旅游的时候，当我们看到远方的山谷时，想起物理学里所说的回声原理，也会对着远方大喊一声，感受回声的乐趣……

所以说，知识并不只是纸上书写的枯燥的文字，生活中随处可见的动态情景也是知识的一部分。如果不能把书中的文字变成生活中的智慧，那就不是真正的学习。

陆游曾经在诗歌《冬夜读书示子聿》中写道："纸上得来终觉浅，绝知此事要躬行。"意思是从书上得到的知识终究是浅薄的，想要真正让知识变得有意义，还需要亲身实践。

能够自如地运用知识，才是真正掌握了一门知识，所以我们不能只满足于翻阅一遍书中的内容，更需要在阅读的过程中寻找知识与生活之间的联系，做到活学活用，让知识焕发出它应有的光芒。

读书，让未来变得更加美好

面对同一片美景，

有人会感慨："渔火伴寒钟，海天一色同。"

有人只能说：这里真好看！

据我所知，很多同学都抱怨读书很苦，甚至会因为读书苦而对未来感到迷茫。其实，主要原因还是他们没有办法从看似枯燥的读书生涯中，看到未来的无限可能。

相信每个同学的父母都说过这样的话：读书能让你的未来变得更好。但是很多人都对此不以为意，甚至还有一些人对这句话持有怀疑的态度。

读书真的会让我们的未来变得更加美好吗？那是肯定的！因为读书可以带我们到所有美好的地方，带我们观赏每一处令人愉悦的美景。大文豪鲁迅先生曾说："我们必须如蜜蜂一样，采过许多花，这才能酿出蜜来。"读书也一样，我们只有通过读书，不断地提升自己的观察力与感受力，这样才能够看到一个更加美好的世界。

也许我们会觉得，现在学到的知识以后可能并没有什么用处，甚至很快就会被遗忘。其实，事实并不是这样，这些所读过的书、学过的知识，让我们常在不知不觉中就成为一个更优秀的人。

正如作家三毛所说的那样："许多时候，自己可能以为许多看过的书籍都成过眼烟云，不复记忆，其实它们仍是潜在气质里、在谈吐上、在胸襟的无涯，当然也可能显露在生活和文字中。”

网上有这么一个段子很有意思。当我们来到一个漂亮的地方时，读书多的人会脱口而出：“渔火伴寒钟，海天一色同。银光铺碧岭，情寄谢秋风。”而读书少的人只能说：“这里真好看啊！”读书的重要性，可见一斑。

也许，正是因为童年时读过巴金先生的《鸟的天堂》，所以当我们来到鸟类观赏园的时候，才会感受到其中生机蓬勃的震撼；正是因为年少的时候读过《红楼梦》，所以当我们情窦初开时，才会对爱有了更多层面的感悟。

读书能不能改变一个人未来的物质生活？这个问题我们谁也没有办法回答。但是可以肯定的是，读书能够让我们日后成为一个更加从容淡定的人，也能让我们看到其他人无法看到的美景。

读书，能开阔我们的视野

什么是美好？

美好就是有一对感知敏锐的触角，

能感受身边的欢乐和愉悦；

有一双不被生活的浮尘蒙蔽的眼睛，

能看到远处闪烁的光芒，

而这些都能够通过读书实现。

很多人都听过这么一个笑话，有人问一个乞丐：“如果你以后有钱了，你会做什么？”乞丐想了一下，回答说：“如果我有钱了，我每顿饭都买两个面包，一个自己吃，另一个留着让人羡慕。”

因为这名乞丐一辈子吃过最奢侈的食物就是一整个面包，所以在他看来，能够买得起两个面包就是世界上最幸福的事情，这名乞丐狭隘的眼光不免让人啼笑皆非。其实，很多没有机会读书的人同样也面临着目光狭隘的问题。

曾经有人问一个放羊娃，你为啥要放羊？放羊娃说，挣钱。挣钱用来干什么？娶老婆。娶老婆之后呢？生孩子。生了孩子呢？放羊娃回答说，继续放羊。这个故事值得我们深思。对于这个孩子而言，他所有的生活都跟放羊有关，因为从来没有见过外面的世界，所以他觉得放羊就是每个人维持生计的手段。单一狭隘的生活方式让放羊娃的生活陷入了一个死循环中，他无法跳出这个循环，也根本无法看到外面的世界。

所以，我们之所以要读书，不仅仅是父母的要求与期盼，也是开阔视野、增长见识最好的方法。

在我的家乡有这样一个孩子，他从小就喜欢读书，当别的孩子在田野上追逐嬉戏的时候，他却一个人静静地坐在家门前读书。在书中，他看到了其他地方的那些有趣的事物，因此他从小就立志长大后一定要离开家乡，看看外面的精彩世界。

为了实现自己的梦想，这个孩子开始发愤学习。最终，他以优异的成绩考上了大学，如愿离开了家乡。如今，他学业有成，带着先进的农业技术回到家乡，教家乡的农民科学种植，迎来大丰收。

在日常的生活中，我们能接触到的事物实在是少之又少：每天三点一线的生活，固定的朋友圈子使我们的目光有很大的局限性，我们眼中的美好也许只是别人正在每天经历的日常，这种局限性会极大地阻碍我们对未来的想象。

所以，我们只有通过读书去了解别人的生活与故事，从书中所描绘的大千世界中找到自己向往的美好未来，才能不断朝着目标进发。

什么是美好？美好就是有一对感知敏锐的触角，能感受身边的欢乐和愉悦；有一双不被生活的浮尘蒙蔽的眼睛，能看到远处闪烁的光芒，而这些都能够通过读书实现。

总而言之，读书能让我们更好地理解我们所看到的事物，也能够引领我们更深入更全面地看到外面的世界，使我们的目光不再局限于有限的选择里，使我们拥有无限美好的未来。

书籍是人类进步的阶梯

如果世界上真的有天堂，

那一定是图书馆的模样。

每一本经历了时间的检验而流传下来的书，

都是我们不断向上的阶梯。

不知道大家发现了没有，学校教室里大多挂着高尔基的名言：书籍是人类进步的阶梯。

可能很多同学都不太了解高尔基，作为首屈一指的大作家，他被列宁称为社会主义现实主义文学的奠基人，甚至可以说是苏联最重要的文化领袖之一。

高尔基出生在沙皇时代的一个普通家庭里，年幼时便父母双亡，年仅11岁的他早早就进入了社会。为了生计，他不得不在轮船上当一名洗碗工。在这里，他遇到了一位穷苦的厨师。

这位厨师对高尔基宠爱有加，经常把自己收集来的书籍借给高尔基阅读，厨师告诉他："一个人如果没有学问，那就跟一头牛没有任何区别，不是埋首耕田就是让人宰了吃肉，哪怕你每天都摇尾乞怜也没用。所以，还是好好念书吧，书里头什么样的知识都有。"

厨师那推心置腹的话语让高尔基深受触动，从那时开始，他每天都坚持读书。虽然他由于贫穷没有办法上学，可是他却始终坚持自学，没钱了就像乞丐一样向当地的裁缝借一点，然后把所有的钱都用来买书。

后来，高尔基到一个绘图师家中当男佣。除了照顾绘图师一家之外，还要兼顾贴设计图、抄工程设计书、复核账目等工作，每天都很忙碌。尽管如此，他仍然会拖着疲倦的身躯在深夜挤出时间读书。

然而，绘图师家却有一个愚昧的老太太，她极力阻挠高尔基读书，只要她一发现高尔基读书，便会恶语相向。这个老太太甚至还会不定期地到高尔基的小阁楼上搜查，一旦找到书籍，二话不说就直接销毁。

有一回，高尔基在烧茶的时候读书，一不留神把茶具给烧坏了。结果，这个恶毒的老太太拿着刺棒将高尔基暴打了一顿。

在医院里，医生从高尔基的背上取出了42根刺，这令医生无比愤怒，建议高尔基到法院起诉雇主一家。高尔基却说："起诉倒是没什么意义，他们只要让我看书就可以了，假如有人向我提议说：'我去广场上用棍棒打你一顿！然后就让你好好读书。'我想，就是这样的条件，我也可以接受。"

长大成人以后，高尔基依然对阅读情有独钟，手不释卷。有一次，他的阁楼失火了，然而他第一时间却没有只顾着自己逃生，而是拼命地抢救房间里的书籍。那一次，他差点命丧火海。

高尔基坚持不懈地读书，大量的阅读为他打下了坚实的写作功底。后来，他写下了无数振奋人心的作品。《海燕》《鹰之歌》《母亲》《童年》等每一部作品都成为流传后世的经典。

其实不只是高尔基，古今中外有很多名人都体会到了读书的重要性。通过读书与学习，我们能够学习到平日无法涉猎的知识。读书不仅能够开阔我们的眼界，同时也能够让生活充满乐趣。

更重要的是，通过读书我们可以了解到前人对生活的见解，还有伟大学者终其一生研究而得来的知识，这让我们能够在前人的基础上继续进步。所以说，书籍是人类智慧的载体，也是联结一代又一代人的纽带，推动了社会的发展。

博尔赫斯说：“如果世界上真的有天堂，那一定是图书馆的模样。”每一个人都希望自己能在未来的日子里不断地进步，成为具有影响力的领袖，在平淡的生活中找到更多的乐趣。而这些，我们都可以从阅读中获得。因为，每一本经历了时光的考验而流传下来的书籍，都是我们不断往上攀登的阶梯。所以从现在起，我们不妨拿起书，在书的帮助下，一步一步地向着梦想的彼岸走去吧。

制订读书计划，有效读书

过分依赖热情，

做事往往只会有三分钟热度。

我们要学会运用习惯的力量，

用计划性打倒惰性。

相信大家都有过这样的经历：假期的前一天晚上，我们在脑子里想着假期时各种要完成的事情，结果第二天我们却睡到日上三竿，草草吃过饭后又开始约小伙伴聊天或是一起玩闹，到了假期结束的时候又追悔莫及，发现自己的假期计划一项也没有完成。

其实读书也一样，如果没有一个周详的计划，那么我们就很可能会被各种闲杂事所打扰，甚至会被自己的惰性给打败，学到的知识少之又少。

因此，在开始阅读之前，我们不妨先尝试着给自己做一个合理的读书计划。这样我们就会养成按部就班的好习惯，让阅读变得更加高效。另外，制订计划也能够使我们阅读的主题统一，而不是东看看西看看，最后什么都没学到。

朱熹是南宋时期有名的哲学家、教育家，他一生博学多才，曾担任过宋宁宗的老师，他提出的理学思想在元、明、清三代都产生了极大的影响。

谈及读书，朱熹亦有其一套方法，他在《读书之要》中对此进行了具体的阐释："或问读书之法，其用力也奈何？曰：循序渐进。"

这是什么意思呢？朱熹认为，必须在学会了一本书的内容之后，再学习另一本书的内容，因为读书就像登山一样，要往高处走，便不能忽略低处的路，如果我们不走低处的路，就永远没有办法登上山顶。

在朱熹看来，读书一定要有计划性，一步步来，由简到繁，由易到难。杂乱无章地乱学一通，那是事倍功半的做法。

那么，怎样列一个读书计划呢？

分类阅读

进行"书库"分类，是设立读书计划的第一步。有同学说，我每天读一小时的《故事会》，不读教辅书，这样可以吗？

当然不行！

我们需要根据自己的身份与需求对阅读的书籍做出分类，主次分明是读书计划的一大要点。

作家萧乾曾经在文章中对自己的书籍做出如下分类。

甲类是业务上需要的，必得有目的、有系统地去读；乙类是为了欣赏观摩而阅读的；丙类是利用碎片时间在厕所读的读物；丁类则是放在枕边的"催眠读物"。

还有一种戊类，就是放在口袋里的口袋书，这类书一般没有什么营养，但是方便携带，每逢去办事或是车站接人都可拿出来随便翻阅。还有己类——纯粹为了查找资料用的。

不同性质种类的书籍，萧乾选择在不同的时间段去阅读。作为学生的我们也应该对自己的“书库”进行分类：提高学习成绩用的教辅书应该花最多时间去读；自己感兴趣的书籍则可以通过课余的块状时间（30分钟以上的阅读时间）去阅读；像《故事会》《花火》等休闲杂志则可以利用碎片时间去阅读。

当然，我们还要分出我们需要用到的工具书，如《字典》《英汉词典》《成语词典》等。这些书我们平日并不需要专门花时间阅读，但要确保在需要的时候能够随时使用。

碎片阅读

很多同学不明白，为什么别人能够在课余时间读那么多的书，而自己连做作业的时间都不够？其实，只要掌握了碎片阅读的诀窍，就能轻轻松松地成为班里的“读书达人”。

所谓碎片阅读，就是在短暂而零碎的时间进行阅读。别小看碎片阅读的作用，假如我们坚持把每天大部分的碎片时间都用于阅读的话，一个月以后我们的阅读量一定会有一个极大的提高。

鲁迅先生说过：“哪有什么天才，我只是把别人喝咖啡的时间都用在读书上。”我们要在阅读上有所进步，不妨尝试将生活中排队等公交、上厕所、发呆的碎片时间用于阅读，积少成多，我们的思维模式和认知体系一定会因为这些碎片阅读而发生改变。

所以，我们出门的时候不妨随身带上一本口袋书，在无聊的时候随时掏出阅读，既可以帮助我们消磨无聊的时间，又能够随时随地吸收书中的知识，如此一举两得的好事，何乐而不为？

主题阅读

还记得上面说的朱熹读书法吗？他提到的读书法其实就是主题阅读法。

不知道大家有没有这样的经历：昨天读了一本体育运动杂志，今天又开始读一本文学作品，明天又打算看一本名人传记……结果一个月下来，我们翻阅了许多书籍，但这些书都讲述了什么内容，却一点也记不起来。

在《如何高效读懂一本书》中，作者提出了主题阅读的观点：圈定一个感兴趣的领域，然后收集这个领域可以找到的图书进行阅读。

比如说，当我们发现自己对篮球运动有兴趣，那么在课余时间我们可以选择一系列关于篮球的书籍来阅读，如《篮球运动技巧大全》《篮球运动训练指南》《迈克尔·乔丹传》《科比自传》等一系列篮球的主题书籍，都能够满足我们的阅读需求。

进行主题阅读，我们不仅能够把自己的精力专注于一个领域，避免出现学习杂而不精的现象，单一领域的大量阅读还能让我们在这个领域中做到触类旁通，成为领域中的小专家。

定期撰写感想

对于读书计划的制订，我们不妨先列一些时间周期短的读书计划。比如说，要在一周内读完一本书，可以细化到每天要看多少页、记住多少内容，并且在读书计划结束时尝试着撰写读书感想。通过记录读书感想，我们不但能够把书本上的知识进行深化，而且对于培养我们的归纳能力与理解能力也有十分积极的作用。

关于读书计划的小知识

1.碎片阅读：利用短暂而不连续的时间进行阅读，通过长时间的积累形成庞大的知识体系。

2.分类阅读：将书目分成不同类型，包括与学习有关的教辅书、感兴趣的书、睡前读物、碎片时间读的口袋书，并根据不同的场景进行阅读。

3.主题阅读：选择同一类型的书籍大量阅读，形成系统的知识体系。

4.撰写感想：每月要求自己将读书的所学所想记录下来，或每读完一本书都尝试着把感想与收获进行记录，养成良好的阅读习惯。

挑选合适的书目，激发阅读兴趣

在生活中，有很多同学由于没有找到自己的兴趣爱好，

失去了很多的乐趣。

这对于孩子而言，

实在是一件惋惜的事情。

有一天我经过一所小学的时候，看到最靠门口的那间教室里有几名同学站成一排，在讲台上做自我介绍。其中一个孩子说："我没有兴趣爱好。"

大家都知道，兴趣是最好的老师，可是实际上很多同学暂时还没有找到这位老师。或者说，他们暂时还没有发现让自己特别感兴趣的事情。

我感到有点可惜，有很多孩子由于没有找到自己的兴趣爱好，失去了很多的乐趣。正面积极的兴趣爱好，不仅能提高我们的自信心与社交能力，对我们的成长也有十分重要的意义。

我们要明白，没有兴趣是与生俱来的，如果现在的你还没有发现自己对生活中的哪些事物有兴趣的话，那么我们不妨通过读书去寻找自己感兴趣的事物，然后再用心地将兴趣变为爱好，甚至成为自己安身立命的技能。

法国昆虫家法布尔的成功之路就是从阅读开始的。在法布尔7岁，刚刚读小学的时候，父亲给他带回了一张动物挂图和相关书籍，自此，法布尔便对生物学着了魔。

每天一大早起来，法布尔一定要抱着书读几遍，书上那些关于小虫子的故事与插图，让他越看越着迷。有一次，法布尔在放学的路上遇到了蚂蚁搬家，这时候他想起了书里头讲的关于蚂蚁搬家的内容，就掏出随身携带的放大镜，静静地趴在路边观察起来。

路人经过时都对法布尔的行为感到好奇，还有人无法理解他的行为，甚至当场嘲笑他是犯了傻。然而，法布尔并没有理会路人，他痴迷于这些勤恳搬家的蚂蚁，同时也惊讶书中提到的那些昆虫的习性竟然如此有趣。

后来，法布尔开始根据书里的插图寻找相应的昆虫。为了捕捉一只小蝴蝶，他经常抱着书跑得气喘吁吁；为了保护路上的虫子，他会把冻僵了的虫子放到自己怀里；当法布尔遇到没见过的昆虫时，他会努力记住虫子的样子，朝着图书馆的方向奔去……

正是这种忘我的精神，使得法布尔最终对昆虫的研究取得了显著的成果，而这一切都源自当年他父亲给他买的那一张动物挂图与相关书籍。

由此看来，读书是有助于培养兴趣的，只要我们当一名书海中的有心人，那么我们总会找到自己真正感兴趣的事物。

所有的兴趣都是来源于生活，当我们在逛书店的时候，不妨有意识地留意一下书店里琳琅满目的图书，耐心地寻找自己觉得有趣的书籍，再去重点发掘其中的乐趣。

另外，我们也可以尝试着去给自己挑选一些能满足好奇心与求知欲的科普读物，比如说《十万个为什么》《动物趣闻》等；而《海底两万里》《鲁滨逊漂流记》等情节生动的中外名著则能够激发起我们对未知的探索欲。

另外，我们还可以尝试着阅读一些手工制作、小实验设计、小动物饲养之类的图书，这些图书能让我们将读书与动手结合起来，既能够丰富生活，还能够让我们在动手的过程中找到读书的快乐。

所以，当我们想培养一门兴趣的时候，我们不妨试着从书中去寻找。通过阅读发现大千世界的奇妙之处，为我们的生活增添色彩。

扩大知识面，让自己了解得更多

真正聪明的同学，
都懂得在确定了想要学习的核心知识之后，
不断扩大自己的阅读范围，
让自己了解得更多。

很多同学都遇到过这样一个难题：无书可读。你是否也在图书馆或者书店里“迷茫”过？很多时候，我们看着书架上那些琳琅满目的书，却总是很难决定去阅读或是购买哪一本。

我们已经讲过如何挑选适合自己阅读的书籍，但实际上，如果我们对书的内容缺乏了解的话，那么很容易会出现买回来或是借回来之后并不想看的情况。可能会有同学说，按照我们感兴趣的方向购买或者借阅就可以了。话是这么说，但是如果我们不对图书的内容进行细细甄别，则很容易带回一些同质化严重的书籍。

所以，在选书之前，我们除了要对书里的内容进行大概的了解之外，还要搞清楚自己究竟想在下一本书里学到什么。这样，我们才能够通过读书去扩大自己的知识范围，让脑子里的知识变得更加有序。

杨振宁教授曾经在采访中公开过他读书的方式。他认为，既然知识是相互渗透的，那么我们就应该通过不同的方式把知识进行拓展。当我们在学习一门课程或是钻研某个专业的时候，如果能够有意识地将我们的目光投向邻近的领域，那么我们的知识范围就会有所扩大，而不是只沉浸在固定单一的领域里。

比如说，当我们在看生物学相关的科普知识时，我们也可以通过了解一些地理学的知识，去巩固生物学的内容，我们还可以将生物学的知识延伸运用到运动学上。将知识进行转化和渗透，很可能会获得意想不到的发现。

所以，杨振宁教授在给年轻人读书建议的时候提出，如果时间与精力允许的话，不妨也读一读周边领域的书籍。就算暂时看不懂也没关系，至少我们可以通过这种方式去开阔视野，活跃思维，这对于学习是有百利而无一害的。

很多同学不知道我们应该如何去提高自己的知识水平，如何去扩大自己的知识面，不妨试试杨振宁教授的读书法。把不同领域的知识进行融会贯通，不仅能够巩固原有领域的知识，同时还能扩展我们的知识面，学习到更多的东西。

因此，在无书可读的时候，不妨本着扩充知识的理念，将自己的兴趣范围进行扩展。相信在不久之后，我们所了解的知识一定会更加全面。

扩大知识面的小技巧

1.善于提出问题

首先，我们需要知道的是，如何才算是读完一本书。读完一本书以后，想要验证自己是否已经读透有两个标准：一是能够归纳出全书内容；二是能够在书里面发现新的问题。

比如说，读完《居里夫人传》以后，除了了解居里夫人一生为科学献身的事迹以外，同时还应该在已吸收的知识基础上提出新的问题，如居里夫人所提炼出来的镭在日后用在哪些具体的地方，并且取得怎样的成效？居里夫人所经历的究竟是哪一次战争呢？

如果我们能够在掌握了图书内容的基础上提出新问题，那么我们就真正地将书本的内容完全吸收、消化了。

2.寻找同类书籍

提出问题以后，我们可以带着新问题再去选择书籍。比如说，要了解清楚居里夫人发现的镭元素，我们可以去阅读一些化学类的科普书；想要了解居里夫人的成长环境，许多历史科普性的书籍也能够解决我们的疑难。

如果我们能够在阅读一本书时，提出一些新的问题，那么我们就可以根据这些问题去寻找其他的书籍，以一本书的内容为中心，不断扩大自己的知识范围。

3.梳理知识脉络

通过以上方法，我们很容易就可以从一本书开始，将自己的阅读范围扩展到其他书籍上。这样做除了让我们可以进行不间断阅读之外，还能够进一步地拓展我们的知识面，让我们将不同书本上的内容进行融会贯通。

因此，阅读的时候，我们还应该随时进行知识脉络的梳理。比如说，我们可以通过记录将我们此前所提问题的答案整理出来，再从新的书上发现新的问题，不断地延伸自己的知识面，扩大自己的知识范围。

抵制不良书籍的诱惑，不碰不良书籍

真正的书籍应是黑夜与沉默的产物，
而不是白昼与闲聊的果实。
好书能让我们更好地成长，
不良书籍却会成为我们成长路上的负累。

在《晓松奇谈》里有这么一段话：“古人说‘读万卷书，走万里路’，其实里头所谓的万卷书就是古代人们所能接触到的所有书籍了。”在古代，大部分人都不必关注自己读的是什么书，因为当时纸张昂贵，能出版印刷并在市场流通的书籍，都是精品中的精品。而现在，图书已经变得十分普及，阅读更是一件随时随地都可以进行的事情，“洛阳纸贵”的时代已经一去不复返了。

不过也正是如此，使得如今市场上的书籍质量参差不齐，更有一些图书为了吸引读者眼球，不惜以“灵异”“暴力”“犯罪”等不良元素作为主要内容，大量劣质读物充斥着图书市场。

经常逛书店的同学一定会发现，最流行的书籍一般都是以那些玄幻修仙类、灵异惊悚类或是爱情青春小说类为主。虽然这些类型读物中也有部分为作者的良心之作，对于成年人消磨无聊的时间有一定的作用；但其中大部分作品对于学生而言并无任何价值，甚至会占用过多的时间，耽误学业。记得有一段时间，中小学里刮起了一股“玄幻风”，同学们私底下纷纷传阅着玄幻修仙内容的图书：夸张大胆的情节、华而不实的剧情、不合逻辑的设定……这些成年人看过后欲罢不能的“文字毒药”，却成了许多同学的口袋书。

有个叫国华的男孩看到大家都开始阅读这种修仙类图书，也很好奇，便在路边书摊处买了一本，谁知看了之后就放不下来。他不仅在课堂上看，在放学路上看，就连晚上睡觉的时候也偷偷开着手电筒在看……一开始，他也觉得看这种书会耽误他的学习，可是这刚放下一会儿他又想继续看，连上厕所的时间也不放过。

国华看了这本书以后，脑子里整天都想着书里的剧情。有一次他在放学路上捡到了一根形状很特别的木棒，跟书中主人公的武器十分相似，鬼使神差地，他爬上了路边的一座平房，呼喊着“御剑飞行”便从屋顶跳下，最终摔伤了腿。

喜欢读书本来是一件很好的事情，但市面上这些质量不过关或是不适合未成年人阅读的书籍，却使得国华不仅没有从书中受益，反而耽误了学业、摔伤了腿。更有甚者，在看了一些不良的书籍后，走上了歧途——有的书不仅没有营养，而且还会出现暴力情节，其中所谓的江湖义气很可能便误导了孩子，最终使他们好勇斗狠，走上犯罪的道路；甚至还有的书中充斥着恐怖、情爱等内容，这些成人化的内容会给学生带来极大的危害。

法国著名作家马塞尔·普鲁斯特说过：“真正的书籍应是黑夜与沉默的产物，而不是白昼与闲聊的果实。”如今我们正处于成长的关键期，真正的好书能够使我们形成正确的价值观，丰富我们的知识，而那些言之无物的书籍只会让我们虚耗时光，甚至耽误学业。

读书使人明智，读书的目的在于使自己更好地成长。所以，我们必须自觉抵制不良书籍的诱惑，选择积极、健康、正面的书籍，通过阅读建立正确的价值观。

杜绝不良书籍危害的小技巧

1.主动抵制不良书籍

当我们走进书店的时候，各种书籍琳琅满目，怎样去选择我们需要的书籍呢？首先，在购买图书的时候我们最好与家长一同前往，家长能够帮我们挑选适合阅读的书籍。

如果是与同学结伴同行的话，那么在挑选的时候，请同学们一定要打起十二分精神。现在市场上的图书五花八门，粗制滥造的作品不在少数，一旦我们接触到内容低俗的书籍，要立即放回原处，不为劣质作品买单。

要知道，现在的我们就像是一张白纸，一本好的书籍能够在这张白纸上画出美丽的花朵，而一本不良的书籍很可能只会胡乱涂鸦，严重者还可能影响到我们以后的生活。所以，我们要自觉抵制不良书籍，做到不碰、不看、不传。

2.只买正版书，拒绝盗版

很多学校旁边都有各种小书摊，经常会出售一些低价的盗版书，许多学生家长对此叫苦不已。这些书印刷粗糙，错别字连篇，对学生的成长没有一丝好处；还有一些书籍内容十分低俗，极其不适合学生阅读。

所以，我们在购买书籍的时候，要到正规书店或是网店购买，坚决拒绝盗版书，拒绝不良书籍。

多读名人传记，学以致用

成长的道路就像是夜间的航路，
海风无法帮我们辨明方向。
所以我们都需要一盏灯塔，
照亮前进和未来的方向。

书籍是人类智慧的结晶，尤其是那些经过时间洗礼、经过不同时期读者挑选而留下的名著，更是值得我们拜读。

其中，名人传记作为记录时代伟人生平的载体，就像传世宝藏一般，让不同时代的年轻人从中吸取营养，感受书中主人公的人格魅力。

可惜，在这个充满诱惑的时代里，手机、游戏机、网络小说占据了很多人在学习之外大部分的时间。

在公交车上，我曾听到过这么一段对话：

“昨天我爸妈给我买了一套新的科学家传记，你知道爱因斯坦吗？”

“当然知道，不就是那个很有名的科学家吗？！”

“我最近在读他的传记，你读过吗？”

“我只读了一点，感觉还不如看漫画呢！”

的确，名人传记或是经典书籍远远不及漫画、网络小说或是游戏有趣。可是漫画与游戏永远也不能像名人传记一样，让我们一生受用。

在名人传记里，我们看到的是世界上最杰出的那些人的人生，听到的是名人对我们的教诲，它不仅能够让我们看到这些人的各种经历，还能够极大地丰富我们的精神世界。

德国哲学家叔本华说过：“不管什么时候，凡是大多数读者所欢迎的书，切勿贸然拿来读……不如把宝贵的时间专读伟人的已有定评的名著，只有这些书才是开卷有益的。”

那么，名人传记真的有那么好吗？我们看看中国近代思想家梁启超的家教故事。梁启超除了在政治改革上有所贡献之外，在教育子女方面也同样颇有成就。

在梁启超的培养下，梁家的九个子女均成为国家栋梁，其中长子梁思成、次子梁思永、五子梁思礼三人更是荣获了中国院士的殊荣，一门三院士的杰出成就是近现代教育界的佳话。之所以会取得这样的成绩，自然少不了梁公倾注的无数心血。

梁启超在谈及教子经时曾说：“读名人传记，最能激发人志气，且于应事接物之智慧增长不少，古人所以贵读史者以此。”为何梁启超一家九名儿女都能成才？原因就在于他们从小就站在了巨人的肩膀上。

著名的物理学家牛顿说过：“我之所以伟大，是因为我站在巨人的肩膀上。”在现在这个时代，所谓“巨人的肩膀”很大一部分就是一本本记录时代伟人的名人传记，我们可以通过阅读它们，攀登知识的巅峰。

我们在阅读名人传记的时候，可以根据兴趣来选择：如果你喜欢自然科学，那么可以选择达尔文、法布尔等生物学家的传记来阅读；如果你喜欢探索未知宇宙，那么可以选择《霍金传》《哥白尼传》等，了解伟大的宇宙学家的生平；当你学到了关于周恩来总理的课文时，就可以读一读《周恩来传》，从而了解更多周恩来总理的事迹。

在阅读名人传记的过程中，我们不仅可以通过他们的生活经历获得一些对人生的感悟，还能够通过了解他们在各自领域的成就，推开该领域的大门。

德国教育家福禄贝尔说过：“教育之道无他，唯爱与榜样而已。”不管是中国还是外国，每个时代都会出现一些伟人，他们的故事激励着一代又一代的青少年。阅读他们的传记，除了能收获受用一生的知识以外，也能够让我们找到一生的榜样。

成长的路上，总会遇到许多困难与烦恼，它们就像影子一样，随时出现在我们的生活中。跟每一位同学一样，我在童年的时候也遇到了各种烦恼，而且有许多烦恼我甚至无法向父母倾诉。这时候，我总会在脑海中回忆各种看过的名人事迹，尝试着从名人的经历中找到力量，寻找前行的希望。

当我遇到困难的时候，我就想想那些伟大的人是如何面对困难的，学着自己勇敢面对；当我遇到困惑的时候，我就想办法从名人的人生中寻找启示，利用榜样的力量消除困惑。

成长的道路就像是夜间的航路，海风无法为我们辨明方向，所以我们需要一盏灯塔，照亮前进和未来的方向。与不同时代的伟人来一场隔空对话，用心去感受他们向我们传递的每一个信息：待人善良、努力奋斗、迎难而上……

| 第四章 |

孩子，你在为谁读书

志当存高远，读书是为了什么

眼光决定格局，你想成为哪种人

脚踏实地，才能到达更远的未来

读书让人保持谦卑

选择的重要性

志当存高远，读书是为了什么

在前进之前，

首先要给自己一个目标。

不然群山遍野，

你怎么知道要攀登的是哪座山？

不知道大家有没有经历过这样的时刻：当我们定下了一个具体的目标并为之奋斗的时候，我们往往会格外努力。比如说，运动会上，我们想要给班级争光，所以我们会用尽十二分力气去争取奖牌；灯谜会上，我们想要展现自己的才智，所以我们会绞尽脑汁地去攻克一个又一个的谜题；放学路上，我们想要发现更多有趣的事物，宁愿绕一大圈也要试着走一条从未走过的路。

读书也一样，如果我们为自己设立一个目标的话，那么就会更加用功。反之，如果我们在读书的时候根本没有任何目标，那么便很容易半途而废。很多时候，读书就像在超级市场选购商品一样，如果我们没有任何目标的话，那么我们只会在日用品区走走，又在零食区走走，到最后什么也没买成，只会感到无趣，两手空空地离开。

所以，在开始读书学习之前，我们首先要学会给自己设定目标，而且这个目标并不是一个笼统的目标。每个人读书都是为了提升自我，最终实现自我价值，可是过分宏观的目标并不能让我们有的放矢地进行学习，所以，制定读书的目标时，要具体而细致，易于执行。

有的人为了提高语文成绩而读书，有的人为了了解宇宙而读书，你呢？你究竟为了什么而读书？

海伦·凯勒是美国的一名著名作家与教育家，同时也是“20世纪美国十大偶像”之一。海伦·凯勒跟常人不同，她的人生中，有87年都是活在暗淡无光、悄无声息的世界之中。

在她17个月大的时候，一场高烧对她的脑部造成了损伤，自那以后，她再也看不到任何东西，也听不到任何声音，久而久之，她甚至失去了语言功能，一生都只生活在黑暗和寂静中。

海伦长大后，每天都在自怨自艾，她抱怨为什么自己会跟别的孩子不同，她痛恨自己无法看到这个美好的世界。直到7岁那年，她遇到了人生中最重要的一位老师——苏利文老师。

在苏利文老师循循善诱的教导下，海伦开始努力学习手语，通过学习盲文，从而学会了阅读，后来，她甚至通过抚摩苏利文老师的嘴唇，学会了发声。为了让海伦感受到生活的乐趣，苏利文老师经常带她到户外游玩，让海伦在田野中奔跑、在草地上打滚。有时候，苏利文老师会让海伦在地里埋下种子，与她一起等待种子生根发芽，让她感受生命的力量。

在老师爱的关怀下，海伦渐渐地开始对生活抱有希望，她决心要为世界上那些跟自己一样看不到也听不到的人做点什么，希望以此来活出自己的价值。她开始发奋学习，希望有朝一日能够成为一个对社会有用的人。最终，海伦克服了失明与失聪的障碍，以优异的成绩考上了哈佛大学。

在海伦·凯勒的一生中，虽然她始终无法看到世间的一花一树，可她却通过努力，使自己成为一个学识渊博的人：她精通英语、法语、德语、拉丁语、希腊语五种语言，穷尽一生为各国盲人募资，将自己的毕生奉献给了盲人福利事业。

上天给了海伦一手烂牌，可她却把这手烂牌打成了好牌。海伦“活出人生价值”的目标使她不断发奋，即使是在别人不能想象的苦难中，她依然坚持努力读书、学习，最终凭借着巨大的成就，获得了全世界人民的赞扬与嘉奖。

由此可见，远大的志向在成长的过程中往往会起到十分重要的作用，它能够让人们的价值观和人生观产生重大的改变。那么我们现在也想想看，读书究竟是为了什么？

如果你已经想好了自己未来的路，那么不要犹豫，请用心好好呵护心中的这株幼苗，努力读书、提升自己，为它灌溉各种养分。就像电影《当幸福来敲门》里说的那样：你要尽全力保护你的梦想。那些嘲笑你梦想的人，他们必定会失败，他们想把你变成和他们一样的人。要坚信，只要心中有梦想，你就会与众不同。

如果现在的你并没有找到答案，读书仅仅是因为“父母要求的”或是“到了年龄只能上学”的话，不如现在好好考虑一下，自己将来要在哪个领域发光发热，在毕业之前想要学到哪些知识，并将这些变成自己的目标。

在前进之前，不妨给自己定一个目标。不然群山遍野，你怎么知道你要攀登的是哪座山？无论是谁，读书都要有一个明确的目标，有了目标，能够使我们在学习的路上事半功倍，少走许多弯路。

眼光决定格局，你想成为哪种人

如果可以的话，

你想成为怎样的人？

一个不曾拥有志向的人，

无论多么努力也不会拥有美好的未来！

有一天我走在街上，听到一个小女孩问她的妈妈："为什么牛顿可以成为科学家呀？"她的妈妈回答："因为牛顿从小就立志成为一名科学家。"

是啊，多么简单的道理，因为牛顿从小就立志要成为一名科学家，所以他在成长的时候不断地积累科学知识，最终厚积薄发，成为改变世界的科学家。

前阵子网上有一句话十分流行——梦想还是要有的，万一实现了呢？梦想的重要性无须多言，如果一个人没有梦想，没有志向的话，那么他成长的过程只会是漫无目的地虚度光阴。而且可以肯定的是，越远大的志向越能够促使一个人在成长中不断学习，鞭策自己不断进步。因为，只有在我们的眼中看到了更遥远的未来时，当下的努力才更有意义。

岳飞，作为南宋最有名的抗金名将，他的一生立功无数，他领导下的岳家军更是让敌人闻风丧胆。岳飞之所以有如此高的成就，也得益于他年幼读书时所立下的志向。

岳飞从小就很有志气，性格沉稳的他虽然平日沉默寡言，但他心里一直有一个信念，那就是要为国家建功立业，因此小岳飞在帮助家里干活儿之余，还喜欢读书、学习，以让自己变得更加强大。

在学习方面，岳飞有着极高的天赋。在岳飞很小的时候，他便能够记住许多古籍，其中《左氏春秋》与《孙子兵法》是他最爱的佳作。

岳飞的家里比较清贫，所以小小年纪的他并没有如其他孩子一样到私塾上课。然而，岳飞并没有因此而放弃读书学习，他利用捡来的柴火点火照明，彻夜看书直到天亮。

后来，在机缘巧合下，岳飞遇到了武术家周侗，岳飞不到20岁的年纪就拥有天生奇力，令周侗惊讶不已。他决定收岳飞为徒，并将自己毕生习得的箭术统统传授给岳飞。

长大后的岳飞并没有忘记自己年少时的志向，从20岁起，岳飞曾先后四次从军，直到投入南宋名将宗泽麾下，开始了他的名将之路。

远大的志向加上不屈不挠的努力，让岳飞战功赫赫，在历史上留下了千古美名，而他的故事对我们来说也是有所启发的：如果我们从小能把志向立得远大一些，并且为了志向而不懈努力，我们在未来成就一番事业的可能性，是否也会更大呢？

如果我们知道自己要去向何方，那么即便是再远的路，只要我们脚踏实地、一步一步往前走，终有一天会到达目的地；反之，如果我们没有明确的目标，很可能会一直在原地兜圈，很难进步。

陶行知也是一个从小就树立了远大志向的人，由于家境贫寒交不起学费，陶行知便从小就立志，长大以后要成为一个有名的老师，免费给穷人家的孩子上课。

陶行知从小就天资聪颖，他到邻居家玩的时候，便喜欢对着客厅的字画拿着竹子在沙地上临摹。没过多久，他的天赋就被一位在附近开馆教书的秀才发现。这位秀才愿意免费教给陶行知知识，陶行知也十分珍惜这次机会。

10岁那年，为了贴补家用，陶行知只好以半工半读的方式继续学习。他每天起床后都要先砍一担柴，然后挑到城里卖掉。陶行知知道，读书对于一个穷孩子来说是多么不容易，所以他更加珍惜自己读书的机会，更加刻苦地学习知识。

为了学到更多的知识，陶行知找同学借来唐诗选本，挤出时间将书里头的内容工工整整地抄了下来。还书的时候，同学的父亲问陶行知最喜欢哪位诗人，陶行知不假思索地回答："杜甫和白居易。杜甫的诗歌沉稳有力，多有忧国忧民之作；而白居易的诗歌通俗易懂，道出了民间的疾苦。"陶行知的话震惊了同学的父亲，他没有想到一个年仅10多岁的少年竟然能够对唐诗有这么深刻的认识，他认为，陶行知日后一定会有所作为。

果然，陶行知后来成为我国有名的教育家，他的著作为无数穷人孩子带来了希望，他童年时的志向也实现了。

也许，我们小时候说出的高远志向会被长辈们当成笑话看待，但我们一定不能因为他们的嘲笑而怀疑自己。岳飞与陶行知小时候的家境都不太好，甚至连书都读不起，但最后他们都实现了自己的志向，创造了属于自己的一番成就。为自己立下一个远大的理想，并用尽全力去实现它，这难道不是一件让人热血沸腾的事吗？

如果可以的话，你想成为一个怎样的人？大声说出你的志向吧！毕竟，梦想再远也不会遥不可及，可怕的是我们一直漫无目的，原地踏步。

脚踏实地，才能到达更远的未来

通往未来的路不需要幻想，

只需要脚踏实地地走好每一步。

每一次迈步，

都会离梦想更近一步。

立下了远大的理想以后，是不是就能一劳永逸，等待着梦想实现的那一天来临呢？远大的理想与现实之间难道就只隔着时间的距离吗？

很多同学以为，只要我们心中保有理想，以后定会有丰盛的收获，实际上，理想的实现需要我们以实际行动去一步步地打造。在这个世界上，能够不劳而获的只有年龄与白发。在理想与现实之间，相隔的是我们的努力与坚持。

我们不妨先来看看著名科学家爱迪生发明蓄电池的故事。

在爱迪生发明新型蓄电池之前，人们一直使用铅酸电池来供电。这种铅酸电池不仅重，使用寿命也短，用起来十分不方便。爱迪生便想要发明一种更轻盈、寿命更长的电池。

有一天，爱迪生在家里吃饭的时候，突然灵光一闪，原本呆滞的表情也渐渐露出了微笑。他的妻子仿佛早已习惯这样的场景，问他：“你是想到了蓄电池寿命之所以短的原因了吗？”

“原因就出在电池的原料，只要根治这个问题，一切都会变得简单。”爱迪生说。

“只是，这么多年来大家不是一直都在研究这个问题，但始终没有结果吗？”妻子问。随后，她想到爱迪生并不会在意他人的失败，而且还很擅长从别人的失败中创造奇迹，于是就又改口说：“不过没关系，一切都是有可能的，对吧？”

听了妻子的话，爱迪生会心一笑，说：“的确如此，我相信我很快就能攻克这个难题。”

然而，理想是美好的，但现实是残酷的，经过反复的试验与分析，爱迪生虽然认定了铅酸电池寿命短的原因出在其中一种叫硫酸的原材料中，可是要用哪一种原材料替代硫酸的问题，却难倒了他。

为了尽快研制出新型的蓄电池，爱迪生和助手们夜以继日地试验与比较，三年过去了爱迪生依然没有得到满意的结果。在这三年间，爱迪生一共试了几千种材料，并且前前后后做了四万多次试验，但每一次都是以失败收场。

社会上的那些流言蜚语纷纷向爱迪生袭来。其中有一次，一名记者不怀好意地问爱迪生：“我们尊敬的发明家，你前前后后花了三年时间，做了四万多次试验，请问你有什么收获？”

爱迪生想了想，说：“要说收获嘛，的确不小，毕竟我们已经知道有好几千种材料不能用来做蓄电池。”

正是这种乐观拼搏的精神以及对志向的坚持，在1904年，爱迪生终于制成世界上第一台镍铁碱电池。它的供电时间远远超过了老式的蓄电池。然而，爱迪生并没有因此而欣喜若狂，因为他不会因为一时的成功而自满。

后来，爱迪生又进行了无数次严格的试验，不断地改进新型电池。1909年，爱迪生终于向世界宣布，他成功地研制出了性能良好的镍铁碱电池。

有人认为，爱迪生的成功在于他惊人的天赋与丰厚的学识，但真正了解他的人都知道，他之所以会成功，更多的是由于他多年如一日的坚持与百折不挠的精神。

立志是一件很容易的事情，可是要长年累月地为了自己的志向而奋斗的话，那就不是一件简单的事情。或许有同学认为，只有聪明的人才能够实现自己的志向，但实际上，所谓的聪明往往只能让我们少走一些弯路。如果真的想要实现自己的志向，还是需要我们勤勤恳恳地努力，唯有脚踏实地才是实现梦想、通往未来的捷径。

试想一下，如果李时珍总是三天打鱼两天晒网，而不是几十年如一日地采集整理草药的话，怎么会有《本草纲目》的诞生呢？如果曹雪芹不是在历经生活艰辛之后，克服各种困难，笔耕不辍、打磨作品，又如何会有流传万世的《红楼梦》？如果洪战辉不是在十数年间对非亲生的妹妹照顾有加，又怎么能感动神州，让无数人热泪盈眶？他们的经历告诉我们，有的人在某个领域中可能确实拥有过人的天分，但这样根本不足够，想要实现梦想，不能只依赖天分，还需要付出足够多的努力。

每一个激动人心的瞬间，背后总有着常人难以触及的坚持与隐忍；每一个收获果实的时刻，总会让此前所有的坚持散发出光芒。当我们站在梦想的高峰上往回看时，总会看到那一串一路走来的脚印。通往未来的路不需要幻想，只需要脚踏实地地走好每一步，每一次迈步，都会让我们离梦想更近一步。

读书让人保持谦卑

读书学习是一件很神奇的事情，

我们学得越多，

便越能发现自己的不足，

谦卑之心也会日渐显露。

我在读大学的时候，曾做过家教兼职，其中有一次经历让我印象颇深：一个本就是尖子生的孩子，居然主动要求请家教辅助学习。

这个孩子的成绩在班里名列前茅，是老师们都称赞的好学生，曾经代表学校参加过省奥数比赛。尽管如此，她却十分谦卑。有一次我给她讲题，发现她早已用另一种方式把答案算了出来，中间还有极其详细的解答过程。

我问她：“你明明会做这道题，可为什么不告诉我呢？”她回答我说：“没关系，我可以再听一遍，这样一来我可以学到另一种新的解题方式，二来我也可以巩固一下基础，加深记忆。”

在现实中，许多成功的人都有着这种谦卑的特质，他们虽然有着过人的学识与才华，可他们却总是以一副虚心求教的态度待人，深谙“世事洞明皆学问”的道理。

不知道大家发现了没有，喜欢读书、学习的人往往都有很谦卑的态度。他们在生活中或许很低调，很不起眼，可是他们却总能够给人一种沉稳成熟的感觉。而有的人在生活中总是一副不可一世、唯我独尊的模样，但与其深交后我们会发现，他们的能力与才华并没有我们想象中的那么突出。

布思·塔金顿是20世纪美国著名的小说家和剧作家，他的作品《伟大的安博森斯》出版后轰动了整个美国。这位著名小说家在年轻的时候，也因为过于骄傲而闹出过笑话。

在一次艺术家作品展上，正值事业巅峰的布思·塔金顿也收到了邀请，有两名可爱的小女孩走到布思·塔金顿面前，诚恳地向他索要签名。

布思·塔金顿自然乐意为两位可爱的小粉丝签名，他对两位小粉丝说："可惜我没有带钢笔出门，我给你们用铅笔签名可以吗？"

"当然没问题！"女孩们爽朗的笑声让布思·塔金顿感到十分欣慰。他接过了小女孩递来的本子，写下了几句鼓励的话并且签上了自己的名字。

小女孩取回本子看了一眼，脸上的笑容突然消失不见了。过了很久，小女孩才抬起头，看了一眼布思·塔金顿，说："原来你不是罗伯特·查波斯啊？"

布思·塔金顿自负地说："我不是，我叫布思·塔金顿，是两次普利策奖获得者，你一定听说过我的作品《爱丽丝·亚当斯》吧？"

谁料，布思·塔金顿说完以后发现，那两名小女孩并没有理会他，而是尝试着用橡皮擦将他在本子上的签名擦去。这件事让布思·塔金顿成了别人眼中的笑话。

此后，布思·塔金顿经常在采访与电视节目中说起这件事，并且时刻告诉自己：无论取得多大的成就，也不要太把自己当一回事，保持谦卑才能让自己走得更远。

如果一个杯子已经装满了，那么它就无法容纳更多的水。但是如果是一个空杯子的话，它反而可以装下更多的水。做人也一样，如果我们时刻保持空杯心态，那么就能够从生活中汲取到更多我们所需要的营养。

那么，要怎样做才能养成空杯心态，让自己时刻保持谦卑呢？ 我们不妨看一看鲁迅的经历。

作为民国时期最有名气的作家，鲁迅著作无数，以笔为枪，让国人走出精神麻木的阴霾，另外在他的提携下，还有无数寂寂无闻的优秀作家走进了大众的视野。

其中，作家萧红的成名就有赖于鲁迅的提携。鲁迅在萧红的《生死场》序言里写道："女性作者细致的观察和越轨的笔致，又增加了不少明丽和新鲜。"鲁迅对萧红的作品给予了极高的称赞。

可能有人会想，作为当代文学创作的佼佼者，鲁迅为什么还会为看似不如自己的作品称赞叫好呢？原因很简单，谦卑的鲁迅不仅是一名优秀的作者，也是一名优秀的阅读者。

鲁迅从小博览群书，在他眼中，每一个人的作品都有着独特的价值，在文学世界里都是独一无二的风景。也因此，鲁迅对当时历尽艰辛写下《呼兰河传》与《生死场》的萧红赞不绝口。

学然后知不足。真正博学的人总是能够清晰地感受到自己身上的不足，总能在第一时间找到别人的优点，并且迅速地进行学习。连大文豪都如此谦卑，我们又有什么资格去骄傲自满呢？

读书学习是一件很神奇的事情，我们学得越多，便越能发现自己的不足，越想要继续学习。通过不断地学习，我们的格局与眼界会越来越大，越来越开阔，我们的心胸也会越来越宽广，谦卑之心也会日渐显露，并成为我们一生受用的可贵品质。

选择的重要性

能力固然重要，
更重要的是，
当我们走在岔路口的时候，
你应该懂得如何抉择。

前阵子我看到这么一句话：实现梦想很简单，只要勇敢向前就能步步迈近；实现梦想也很困难，因为除了要懂得坚持还要懂得选择。

在成长的路上，我们总会遇到许多让人难以选择的分岔路，任何一个选择都会改变我们日后的人生。当我们考上高中的时候，文理分科就是人生中的一个重大抉择，如果我们选择了文科，理工类的工作将不会在我们日后的选择范围之内；如果我们选择了理科，那么步入社会后我们很可能与文职工作无缘。

所以，当未来还存在着无限可能的时候，我们在不断积累知识的同时，也要尝试着学会如何面对人生中的各种选择。抉择在很大程度上决定了一个人未来所走的路。

20世纪80年代，美国有一家博物馆意外失火，在成功疏散所有游客后，馆长与副馆长马不停蹄地跑进火场，抢救文物。副馆长在进入火场后，取下了身边的一件文物并将其送到了安全的地方。随后副馆长三进火场，将离出口最近的几件文物全部救出。

而馆长则一路跑到了博物馆最里头的展览室，打算将博物馆内最值钱的文物抢救到安全的地方。奈何火势实在太大，馆长跑至半途时便被大火烧伤，幸好消防员及时赶到，才将馆长救了出来。

在这个故事里，馆长与副馆长两人做法截然不同。副馆长选择了最安全、最可能实现的方法，而馆长则选择了最有价值的方向前行。不评论两人的做法哪个更好，其实，是二人不同的价值观让他们做出了不同的抉择。

我们不妨将博物馆里的火海看作是我们成长的道路，而馆长和副馆长便是未来的两种可能性——是像副馆长一样首先选择最容易实现的目标，以一步一个脚印的姿态稳妥地走向未来，抑或是像馆长一样，以高价值作为目标，宁可冒着失败的危险奋勇前行，也不愿留给自己日后后悔的机会？

不同的选择会给我们带来不一样的人生，每一个人生的分岔路都可能会彻底改变我们的未来。所以，在树立志向之前，我们不妨先审视自己的实际情况，选择适合自己的道路不断往前，别太高估自己或是妄自菲薄，客观地为自己的未来进行规划。

在中国备受欺凌的那个时代，鲁迅怀着医学救国的抱负，东渡日本留学。那时候，鲁迅梦想着能够通过学医去改变中国人的健康状况，提高中国人的抗战热情。然而，当鲁迅从电影中看到中国人被日寇砍头示众，而周围的中国人面无表情地看热闹的情节时，他的内心受到了极大的震撼。

鲁迅意识到，要改变中华民族的命运，单单依靠强壮的体魄是不行的，精神上的麻木比身体上的虚弱更加可怕。所以鲁迅认为，要拯救国家于水深火热之中，首要任务是改变中国人精神麻木的状态。因此，鲁迅果断放弃了他的医学事业，开始筹办文学杂志，毅然投身于唤醒沉睡的中国人的革命文艺活动之中。

有这么一句话形容鲁迅：“他像一把尖锐的匕首，无情地将敌人的胸膛刺穿；他像一头孺子牛，无私地将自己的青春奉献。”鲁迅一生都以笔为枪，以一部部优秀的文学作品唤醒那些沉睡的中国人，最终成为一名被后世赞颂的革命作家。

而这一切，均源自鲁迅在青年时代的一个抉择，弃医从文的决定，使他成为近代不可多得的革命作家。试想一下，如果当时鲁迅没有选择弃医从文，而是选择继续他的医学之路，那么不管他的医术有多精湛，他也未必能够达到今天的成就。可见，选择对于一个人而言是多么重要。

我国著名的儿童文学作家秦文君也说过：“人的生命是一个灿烂的过程，每个人都是世界上的一个过客，而要做怎样的过客，那是我们每个人的选择。”

每个人都有机会去选择自己的人生，但并不是总有机会去改变自己的选择。所以，在我们选择之前，不妨认清自己的能力与目标，时刻告诫自己要朝着梦想的方向前进，不要因为一时的诱惑而偏离了正确路线。

所以说，成功的公式是正确的选择加上不懈的坚持和努力，所有的奋斗与努力都建立在正确的选择之上。

第五章

所谓天才不过是勤奋而已

每天都要抽出一些时间去读书

量变引起质变，知识的获得在于不断积累

业精于勤，你的闹钟定在几点

懒惰像弹簧，你弱它就强

设置“奖惩”机制，激励自己

每天都要抽出一些时间去读书

要持之以恒地做好一件事，

除了要保持一腔热情之外，

习惯的力量也是不可忽视的。

大多数同学读书时都会遇到这么一个问题：知道要抽时间读书，可实际情况是一天过去了，连一页书都没读完；还有一种情况是，第一天我们咬牙坚持下来了，可第二天就又把读书这事抛到了九霄云外。

因此，在读书这件事上，我们还要学会借助习惯的力量。要持之以恒地做好一件事情，除了要保持一腔热情之外，习惯的力量也是不容忽视的。

对美国发展有着巨大影响力的富兰克林就有很多良好的习惯。说起富兰克林，也许大家并不熟悉，可是如果说起美元钞票上的头像，可能大家就会觉得这个人并不陌生。被美国权威杂志《大西洋月刊》评为影响美国的100位人物之一的富兰克林，一生为美国的发展做出了巨大的贡献。出生于波士顿的他不仅是美国有名的政治家，同时也有着物理学家、出版商、印刷商、记者、作家、慈善家、发明家等身份。与这些身份相比，他的外交家身份最让人们熟知——他曾以美国驻法国大使的身份，成功地在美国宣布独立后替国家赢得了法国的支持。

曾经有人在采访中问他：“你是怎么能够做到这么多事情的？依我看来

你一天里的时间似乎比别人要多。”富兰克林并没有回答主持人的问题，而是直接向他展示出了自己的时间表。

5点准时起床，然后花大量的时间去规划一天的事情，并且思考每一件事情的重要性，为一天的工作形成一个科学有序的规划。

8点到11点的时间用于工作，随后的两个小时用于午餐与阅读，从下午2点继续工作到5点。晚上的时间则一般用于复盘自己一整天的工作，9点按时就寝。

每天雷打不动的生活规律，让富兰克林把每一分每一秒都精确地利用起来。他说：“我从来不把时间浪费在酒店、赌博或是任何一种恶劣的游戏上，我在事业上的勤劳则是按照必须、必要来进行的，所以不会烦厌也不会感到疲倦。”

我们看富兰克林的日程，除了工作之外，他每天也会花费两个小时进行阅读。可能正是这两个小时的阅读，让他对国家政治发展与独立有自己独特的见解；也可能是阅读让他对生活有了更强的洞察力，最终发明了避雷针。

可以说，是坚持阅读与勤奋工作成就了富兰克林。作为一位多元发展的名人，富兰克林的生活比起我们可以说是忙碌多了，可他却能够每天雷打不动地进行阅读，这难道不足以让总觉得没时间阅读的我们感到惭愧吗？

其实要真说起来，作为学生的我们每天除了上学与写作业的时间之外，可以支配的时间还是挺多的。怎样才能让自己主动去花时间读书？怎样让自己日复一日地坚持下去，养成每日读书的好习惯呢？

（1）增加阅读时间

首先，我们要树立每天抽出固定时间进行阅读的目标。一开始我们制定的目标难度不宜过高，每天30分钟的阅读时间对于学生而言较为适宜。

（2）选择合适的时间点进行阅读

一般而言，我们可以利用睡前30分钟或是起床后30分钟的时间阅读，这时候我们的读书时间就不容易被学习或是生活上各种杂事影响，效率会比较高。

（3）坚持执行，避免遗忘

在确定固定的读书时间之前，我们可以多做尝试，选择一个最适合自己的时间。固定的读书时间一旦确认下来，就必须做到每天都阅读。我们可以在墙上粘贴一张便笺纸，提醒自己每天都必须在哪个时间段内进行30分钟的阅读，避免遗忘。

（4）固定阅读地点

如果我们做到了前面三项，那么我们每天阅读的习惯就已经基本形成了。但是，在习惯完全形成之前，我们难免会因为惰性或者其他主观原因而放弃，所以，我们还需要通过其他方面不断地巩固，使习惯成为一种自然。

我们还可以选择固定的阅读地点进行阅读。比如说，我们可以每天在书桌前阅读，坚持一段时间后，当我们经过书桌的时候，便会习惯性地拿起一本书来读。

如果能够做到以上四点，相信我们一定能够养成一个良好的读书习惯。过不了多久，大家就会觉得读书跟吃饭睡觉一样，已经成为我们生活中不可缺少的一部分。

现在，就让我们开始第一天的阅读吧，希望大家都能够坚持下去，感受到阅读的魅力。

量变引起质变，知识的获得在于不断积累

知识的获得，

并不能一蹴而就，

而是需要长期的积累。

如果没有经历过量变，

又怎么能感受到质变的快乐？

有同学给我写过一封信，他说自己已经尝试过坚持看书，可实际上阅读并没有对他的生活带来什么影响。在信的最后，他给我列了5本自己看过的书，对看书能增长知识这件事提出了质疑。

我给他回信说：真正的知识是从一次次阅读中慢慢积累起来的，如果只靠几本书就能够改变我们人生的话，那么这个改变来得也实在太容易了。

说实话，很多人对于读书都嗤之以鼻的主要原因就在于读书“见效慢”，而且“效果不明显”。试想一下，如果一本书就能让人改变命运收获成功，那么成功是不是也没有什么价值了？

东汉著名的思想家王充，由于家境贫穷，童年时期的他根本买不起书看。然而，他始终有一个改变自己命运的梦想，于是便想方设法地去找书读。每天早上，他都蹲在书摊上翻书，不管刮风下雨，只要是有人卖书的地方，他便驻足在那里，一看就是一整天。

一个书摊的书都读完以后，他觉得还不够，又会跑到更远的书摊上看书。几年下来，他把附近好几个书摊的书都读了一遍，这时候的他再也不是当年那个什么都不知道的少年，而是已经成为相当有学识的人了。

最后，王充成功地从一名平民百姓变成了一位名留青史的学者，他用30多年的时间完成了他的巨著《论衡》，并且凭借着这部作品成了中国历史上著名的哲学家。

王充之所以成功，不在于他的天赋，而是得益于那日复一日的积累。童年时的他求知若渴，风雨无阻地阅读了大量的书籍，这些都为他日后完成巨著打下了坚实的基础。

如果王充像我们那样，读了几本书发现自己没有什么收获便自暴自弃的话，那么他还会成为哲学家吗？答案显然是否定的。其实，读书并不是一件难事，但要长期坚持下去就不容易了。因为，在读书的过程中，我们需要夯实基础，并要花很长的一段时间去沉淀，之后才能建立起自己的思维模式与知识架构，从书中获取更多的智慧。

读书的过程，就像竹子的生长过程一样，前三年竹子基本不长高，它们把所有时间都用于扎根，扎根稳固之后，到第四年它便以每天30厘米的速度成长，甚至在六周时间里能长至15米。读书也是这样，一开始我们也许觉得读书对我们的成长没有什么作用，可是当我们的阅读量积累到了一定程度以后，我们所拥有的知识就会成倍地增长。

我曾经在网上看到这么一张图片，有三个小孩，其中A小孩站在窗边，窗口在他头顶三尺处，但由于身高不足，所以他的眼前只有一面厚厚的墙；B小孩则拿了几本书垫脚，窗户在他头顶不远处，他只有努力抬头，才能勉强看到窗外的景色；而C小孩则拿了一大沓厚厚的书垫脚，所以他整个头都可以露在窗口外，可以轻松地趴在窗台观赏窗外的美景。

这张图片很好地诠释了读书的意义。很多同学不喜欢看书，他们的眼前就只有一堵厚厚的墙，以至于他们看待世界的眼光也是非常局限的；有的同学只读了很少的书，他们虽然能够看得到世界与未来的美好，但却只能看到很有限的一部分。

真正能够感受到阅读乐趣的，是那些饱读诗书的同学，他们读过很多书，学到了各种各样的知识，与不同的思想碰撞，读书让他们成长，更让他们快乐。

所以，当你觉得读书没什么效果的时候，请不要气馁，要知道现在的你正在努力地“扎根”。一定要相信，只要坚持下去，时间一定会回以自己想要的答案。

业精于勤，你的闹钟定在几点

一个人的时间花在哪里，

他的成绩就在哪里。

一个人的成长，

离不开一点一滴的积累。

本杰明·富兰克林说："你热爱生命吗？那么别浪费时间，因为时间是组成生命的材料。"从小，我们就被教育要好好珍惜时间，可实际上又有多少人能够真正地珍惜时间呢？

不知道各位同学有没有留意过家里的闹钟？在我们看来，那不过是一个普通的钟表，可对于法国作家巴尔扎克而言，闹钟与他每一天的工作息息相关。

首先，我们来看一看巴尔扎克的时间表。

20:00—0:00 就寝

0:00—8:00 写作

8:00—17:00 进餐、校对作品

17:00—20:00 办理出版事务，或自行安排时间

看到这里，各位同学是不是有点惊讶？被称为"现代法国小说之父"的巴尔扎克每天只花4个小时休息，而用了将近17个小时的时间来

工作。在这10多个小时中，他把自己关在房间里，将巴黎的喧嚣与繁华挡在门外，甚至就连一日三餐都是由仆人从窗口里放进去。

直到巴尔扎克51岁去世那年，他依然还是按照时间表上的安排生活着。巴尔扎克说过这么一句话："人的全部本领无非是耐心和时间的混合物。"由此也可以看出，他对于时间是多么珍惜。一次，巴尔扎克实在是太累了，他对一名朋友说："我睡一会儿，你一个小时以后叫醒我。"可是一个小时过去了以后，朋友看巴尔扎克睡得正香，不忍心把他叫醒。后来又过了一小时，巴尔扎克醒来后发现自己已经睡了两个小时，他狠狠地批评了朋友："你为什么不叫醒我，你知道你耽误了我多少时间吗？"

惜时如金的巴尔扎克是历史上享有盛名的高产作家，在短暂的一生中他创作成果甚丰，写下的91部作品被后世称为"资本主义社会的百科全书"。

巴尔扎克的成功得益于他对待时间的态度。一个人的时间花在哪里，他的成绩就在哪里。对待时间的态度，决定了我们攀登的高度。

不知道大家有没有听过这样一个成语故事：在晋朝，有一个叫祖逖的年轻人，年少的时候不爱读书，到了青年时才开始发愤图强，用心读书。很多人嘲笑他发愤太晚，还是老老实实地在家乡种田算了。但祖逖不为外人的言语所动，他广泛阅读名著，在短短几年间，他的学问大有长进，与年少时的好友刘琨一同担任司州主簿。

可是，祖逖的理想远远不止于此，他希望能够报效国家，成为国家的栋梁之材，在担任司州主簿期间，他也不忘读书学习。一天，祖逖在睡觉的时候突然听到公鸡的叫声，被公鸡唤醒的祖逖拍醒了刘琨，问："你听到鸡叫了吗？"刘琨睡眼惺忪地回答："别管了，半夜听到鸡叫不吉利。"

可祖逖却说："我不这样想，以后我们干脆在听到鸡叫后就起床练剑读书怎样？”刘琨听后，欣然同意了。在往后的日子里，两人每天听到鸡鸣后就起床舞剑，刻苦学习，无论是炎夏还是寒冬，都从不间断。

最终，功夫不负有心人，经过长时间的学习，他们终于成为国家不可多得的人才。后来，祖逖被奉为镇西将军，为国立功名留青史，文韬武略无所不能。

这就是“闻鸡起舞”的故事。祖逖曾经是一个连大字都不识的文盲，但他日复一日的坚持与惜时，让他成了令敌人闻风丧胆的大将军。

我们呢？我们是如何对待自己的时间的？如果我们把赖床的时间都用来读书学习的话，也许我们早已是班里的尖子生；如果我们把发呆的时间用来培养兴趣的话，那么我们的课余生活也许就不会那么枯燥；如果我们把所有空闲的时间都用来专注地做一件有意义的事，那么成功可能也并非遥不可及。

每一个取得好成绩的同学，都是花了足够多的时间去学习，只有长时间的坚持与努力，梦想才会开出绚烂的花朵。而那些虚度光阴的同学，他们可能永远都不会等到梦想花开的那一天。

业精于勤荒于嬉，想要取得成功就必须学会投入。时间对每个人都是公平的，每个人的一天都有86400秒，怎么过好每一天，则完全在于我们对待时间的态度。

如果你不愿意浪费生命的话，就赶紧调好你的闹钟，好好利用生命中的每一秒吧。

懒惰像弹簧，你弱它就强

懒惰是我们在前行路上最大的敌人，
它会无声无息地潜入到我们的生活当中，
让我们不知不觉地成为它的俘虏。
所以，面对懒惰，我们不应该妥协，
而要用内心的热情将它击败。

有一句话我很喜欢：如果你现在每天就在家睡懒觉、打游戏，那么你跟60岁的老人有什么不同？正值大好年华的我们，就应该在活力四射的年纪好好学习，掌握更多的知识，让我们的生活变得更加精彩绚烂。

然而很多同学经常处于一种懒惰的状态，在基本的学习时间之外，大部分时候都用来发呆、睡觉，要么就是躺在沙发上看电视、玩手机。有时候爸妈说我们几句，我们还会感到不开心，不管父母怎么批评，依然躺在沙发上，不愿意去做一些有意义的事情。长期下去，就越来越懒惰，有的同学甚至一睡就是一整天。

有人说，我本来就是这样的人，我觉得躺在沙发上比干什么都舒服。为什么人会越来越懒惰呢？中国的一名学者颜之推曾经在《颜氏家训》中阐述过这个问题，他说："习闲成懒，习懒成病。"意思就是我们懒惰的行为都是因为太闲而形成的坏习惯，而经常过着懒惰的生活很容易让我们的人生变得索然无味。

古时候，有一个懒人叫兰东，他做什么事情都懒洋洋的，整天衣来伸手，饭来张口。他的妻子对他抱怨连连，但又无计可施。

随着时间的推移，兰东没有变勤奋，反而变本加厉，整天躺在床上，什么事情也不干，平日无事的时候他就连手指头也不愿意动一下。

有一天，他的妻子要回娘家小住一段时间，这本是一件正常的事情，可他的妻子却特别担心。因为兰东实在是太懒了，妻子害怕他会因懒得做饭而饿死。所以，妻子为他做了一块足够他吃好多天的大烧饼，又用绳子将大饼穿好，挂在兰东的脖子上。

妻子离开的时候，兰东连“再见”都懒得说，只是随便哼哼几声了事。妻子在娘家住了三四天，本想着再小住几天的她由于担心丈夫，赶紧又踏上了回家的路。

赶回家中后，妻子发现屋子里的所有物品的摆放都跟她走的时候一样，而兰东这时候还躺在床上睡觉。看到这个情形，妻子松了一口气。然后，她开始做饭、打扫房间，等饭做好了以后她去叫兰东起床，这时她才发现，兰东早已饿死了。

原来，兰东因为太过懒惰，在把嘴巴够得着的饼吃完以后，连伸手去够旁边的饼都不肯，结果饼还没吃完，他就饿死了。

正在花样年华的我们应该激情满满，活力四射，而不应该懒惰不堪，让自己呈现出老态龙钟的状态。正如罗曼·罗兰在作品《罗兰小语》中讲的那样：懒惰和犹豫不决是让一个人暮气沉沉的最大原因。如果我们总是懒于学习、懒于阅读，每天就在家中睡大觉、打游戏，渐渐地，我们的生活就会变得了无趣味。

那么，我们应该怎么去改正懒惰的坏习惯呢？相信大家都听过这么一句话——困难像弹簧，你弱它就强。懒惰也是这样，如果我们习惯于躺在沙发上一动不动地看电视、打游戏，那么懒惰就会慢慢地蚕食我们对学习与生活的热情。

所以，当我们发现自己被懒惰控制以后，一定要立马调整自己的状态，想想自己还有什么学习计划没有完成，想想自己还有哪些知识没有学牢固，我们还可以在适当的时候做做户外运动，而不是在家里一躺便是一整天，这样不仅会让时光白白流逝，而且还会让我们染上懒惰的恶习。

另外，我们还要多学习一下古人的学习精神。战国时期的纵横家苏秦，为了不让自己被懒惰打败，他宁可头悬梁、锥刺股也要将书读完；西汉文学家匡衡，每天干完农活依然坚持读书，为了在晚上能够看清书中内容而凿壁偷光，这些人都是勤奋学习的典范。

懒惰是我们前行路上最大的敌人，它会无声无息地潜入到我们的生活当中，让我们不知不觉地成为它的俘虏。总而言之，“懒惰像弹簧，你弱它就强”，为了不让懒惰打败自己，我们必须自律起来，用我们对未来的渴望以及学习的热情去克服懒惰，成就一个勤奋好学的自己。

设置“奖惩”机制，激励自己

一条橡皮筋如果长期绷得太紧，

它就很容易断掉。

如果我们在学习上一味埋头苦干，

不懂得适时放松，

那么我们很容易就会厌倦。

相信大家都明白，坚持是一种多么可贵的品质。然而，很多同学虽然知道坚持的重要性，可是在实际生活中他们却始终无法坚持做好一件事情。很多人都感叹，坚持实在是太难了！

的确，坚持是一件十分困难的事情，可是对于我们而言，坚持并不是一定无法实现的。之所以会觉得坚持很难做到，很大一部分原因是我们对坚持有一些误解。

我们不妨来看一个故事：很久之前有一个农民，他勤奋耕耘，不管是刮风还是下雨，每天天没亮他都会出现在农场中，为他的农作物施肥耕作。

有一天，天气异常炎热，这位农民耕作了半天后发现自己出现了中暑现象。他坐在树底下大口地喘着气，看着树顶上的苹果，他咽了咽口水，很想摘下一个来解渴。

但随后他想了想，这些都是自己辛勤劳动得来的果子，如果现在摘下来吃的话，那么到秋天的时候很可能就不能丰收。想到这里，他强忍着口渴，强撑着身体慢慢地往家里走去。

后来，这名农民大病了一场，卧床休息了三个多月，待他身体好转的时候，那棵苹果树却因为长期没人照顾，而变成了一株枯木。

可能有同学觉得，这位农民伯伯在刚刚开始感到身体不适的时候，就应该吃一些树上的苹果，及时补充水分，这样才不致让自己大病一场，整棵苹果树都干枯了。

这位农民伯伯可以说是坚持的模范，他坚持每天起早贪黑地管理树林，始终坚持着让孙子看到一棵结满果子的苹果树的信念，可事实上他却因为太过坚持，而把事情弄砸了。这是一个典型的“捡了芝麻，丢了西瓜”的故事，他没有及时让自己的身体得到休息，导致了力不从心、事与愿违的结果。类似的事情，在我们学习的时候也会经常出现。

小夏前阵子准备代表班里去参加奥数比赛，在比赛前他就开始闭门“修炼”，希望在短短几天内完成奥数真题的练习。然而没过两天，面对着一大堆的奥数真题，小夏感到枯燥无比，想要给自己放个小假，到学校里参加同学们组织的生日派对。

但是，已经夸下海口的小夏并不愿意半途而废，他下定决心一定要坚持完成桌面上的那堆真题。又过了几天，小夏从最初的信心满满变得“望题色变”，终于，他彻底将桌面上的真题练习册丢弃到一旁，并且再也不想看学习资料一眼。

小夏被自己定下的规矩所束缚了，他没有办法承受那么大的压力，也没有办法硬着头皮继续坚持，以至于到最后，他变得自暴自弃，甚至可能对奥数学习产生了阴影。

其实，我们在学习的过程中，学会给自己定制一个“奖罚”机制也是非常重要的。对于我们而言，勤奋并不是一味地埋头苦干，而是在有限的时间里和能力所及范围内做最高效的事情。

所以，我们开始做一件事情之前，首先要学会给自己定制一个“奖罚”机制。当我们做事情的实际进度和效果超出预期的时候，我们要适当地给自己一些奖励，比如说我们可以让自己到户外放松半天，或者是给自己做一份可口的午餐；当实际情况不及预期的时候，我们也应该公正地对自己做出惩罚，比如说利用本该休息放松的时间去弥补不足。

如果我们懂得如何去平衡实际情况与预期效果之间的差距，我们往往可以更好地坚持下去。

定制奖罚机制的小技巧

1.制订合理的计划，设定预期进度，并且将进度（任务）细化到每一天，要求自己的任务完成量不得超过（落后）进度一天。

2.严格要求自己每天打卡，对当日进度与预期进度做出对比，并且根据当日进度优化第二天的学习任务。

3.请父母帮忙监督，并且将奖励与惩罚的权限交给他们，以确保整个计划的公正性，避免偷懒的现象发生。

| 第六章 |

兴趣是我们学习最好的老师

利用兴趣，在“玩”中学

感受“学习之乐”，将兴趣的作用发挥到极致

找到同道，互相扶持，定会走得更远

不要放弃兴趣之外的事

将不得不做的事，培养成兴趣

利用兴趣，在“玩”中学

在这个时代，

无论是喜欢美食还是喜欢运动，

只要你的爱好积极健康，

相信它一定能够引导我们踏上成功的旅途。

可能有很多同学已经找到了自己的兴趣，也立下了远大的志向。而这些远大的志向，其中肯定会有很多与兴趣相关：有的同学喜欢旅游，梦想着长大以后能够环游世界；有的同学喜欢美食，希望长大以后能够吃遍世界美食；也有的同学发现自己只喜欢玩游戏，他们长大后有可能会成为一名优秀的游戏设计师。

有些志向虽然看上去并不是那么“高大上”，但它们仍然能够让人感觉到快乐，并且愿意一直为之奉献。可能有同学会问：如果我只喜欢吃喝玩乐，那我的未来是不是就一片黑暗、与成功无缘了？

我们不妨先来看看《玩出了名堂》中讲到的列文虎克的故事：

列文虎克跟很多贫困的青年一样，成年以后找不到好的工作，只好以每天给钟楼敲钟为生。由于工作过于清闲，所以列文虎克总是利用工作时间去打磨放大镜，再用放大镜来阅读当天的报纸——这是他唯一的爱好。

有一天，列文虎克突发奇想：如果把两片放大镜放在一起，那么能看到什么呢？列文虎克立即拿来两块放大镜，打算试一试。没想到这一试却让列文虎克来了精神：他看到了像竹竿一样大的蚊子腿，看到了像月球表面一般凹凸不平的泥土。

列文虎克越玩越来劲，后来干脆就用石头固定起一块放大镜，再随意调节另一片放大镜的远近。这一尝试让他成功地发明了显微镜，使人类看到了平时肉眼不能看到的生物。

从那之后，列文虎克开始苦心钻研生物学，学习各种专业文献。最终，他通过自己发明的显微镜发现了微生物的存在，为世界生物学的发展做出了巨大的贡献。

本来只是为了消磨时间的举动，却让列文虎克有了突破性的发现，成为发明显微镜的发明家和发现微生物的生物学家。列文虎克的发现震惊了世界，英国皇家学会将他收归麾下，连当时的英国女王与俄国沙皇都争相去拜访他。

《红楼梦》里有一句话，叫“世事洞明皆学问”。无论在哪个领域，只要我们研究通透了都能够成为该领域的佼佼者。怎样全身心地投入到研究中呢？那就要看我们是否能够利用自己的兴趣，在兴趣的引领下更好地去钻研，接收兴趣给我们带来的能量，让自己更好地投入其中。

童年时的牛顿，对各种自然现象十分感兴趣。有一次牛顿住的地方刮起了台风，人们都躲在家中等待台风过去，只有牛顿一个人穿着斗篷在院子里跳来跳去。

牛顿的妈妈发现以后，连忙叫牛顿回家。谁料牛顿拒绝了妈妈的要求，他告诉妈妈：“我正在测量风速和风力，你看我现在站在这里，但是如果我跳起来以后，大风就会把我吹动。如果我把我移动的距离和我的体重记录下来，那么我就能够算出风速和风力了。”

晚上，牛顿真的对自己记录下来的数据进行了研究。虽然这次实验并没有什么实质性的意义，然而力学科研的种子却在那时深深地埋在了他的心里。后来，牛顿经过不断学习，终于研究出了惯性定律与万有引力定律等多个著名力学理论，这些理论构成了当代力学发展的基石。

不管是列文虎克还是牛顿，他们从自己的兴趣出发，最终取得了巨大的成就。他们成功的原因并不在于他们拥有多么强大的天赋，而是因为他们愿意在他们喜欢的领域思考，愿意不懈地研究其中的知识。

我有一位同学，从小就喜欢种植各种花草，研究各种植物的特性。长大后，他考入了农业大学，大学毕业后又考上了省农业部门，成为一名为群众服务的国家科研人员。

无论学习什么知识，只要我们抱有热情，愿意主动地进行学习和钻研，就一定会有所收获。在当今社会，每个行业的发展都离不开专业知识和技术的进步。无论你是喜欢美食还是喜欢运动，只要你的爱好积极健康，相信不管是什么样的兴趣，都能够引导你踏上成功的旅途。

赶紧到自己感兴趣的领域钻研吧，只要付出的努力足够，相信成功一定指日可待。

感受“学习之乐”，将兴趣的作用发挥到极致

如果在生活中有那么一样正面积极的事物，
能让我们奋不顾身地想去了解、接触，
并且能让我们发自内心地感到愉悦的话，
那么请一定要牢牢地抓住它。

有人问我，为什么那么多人喜欢缅怀童年？我认为那一定是因为在童年的时候，我们总能够无忧无虑地培养自己的兴趣，并且通过学习，不断地充实自己的头脑。

能够学习自己感兴趣的事是幸福的，因为有了兴趣，往往能够让我们在学习的过程中事半功倍。在历史上，有很多名人因为坚持自己的兴趣，不仅在童年时收获了数不清的快乐，长大以后，他们亦凭借着兴趣收获了巨大的成功。

达尔文便是如此，他从小就喜欢研究各种花草鱼虫。他在成长的路上虽然经历了许多困难和挫折，然而他始终没有放弃自己的兴趣。最终他把自己的兴趣发挥到了极致，成为改变人类历史的生物学家。

达尔文出生在英国小城什罗普郡郡治的一个医学世家，他的爷爷与父亲都是小城里颇负盛名的医生，生来聪颖的达尔文更是从小就被父亲寄予了厚望，希望他能够继承家族事业。

然而，达尔文却对大自然有一种与生俱来的热爱，他对大自然的一切都非常好奇，对学校里学习的知识却不感兴趣。久而久之，父亲对于他的行为大为不满。

所以，达尔文中学还没毕业，父亲便勒令他退学，并申请入读苏格兰爱丁堡大学的医学系。医学系的课程让达尔文感到十分枯燥，更要命的是他对鲜血有着与生俱来的恐惧。因此，在经历了数次糟糕的手术场面后，达尔文终究放弃了医学。

后来，在父亲的要求下，达尔文又到剑桥大学的神学系就读。在那里，他认识了剑桥大学的生物学教授汉斯罗，在汉斯罗的指导下，达尔文开始在校内生物学学会中发表各种论文与演说，并成为生物学圈子里小有名气的新星。

这一次，达尔文并没有放弃学业，而是在学习神学的同时，利用所有的业余时间去研究生物学。1831年，他不仅通过了剑桥大学的毕业考试，还在汉斯罗教授的推荐下获得了一次环球旅行的考察机会。

然而，这个在达尔文眼中千载难逢的考察机会，父亲却坚决反对。幸运的是，这时候的达尔文早已不是当年那个对父亲言听计从的孩子了。此时的他在经过了几年的生物学学习后，更加坚定了自己的理想与未来要投身的事业。为了得到父亲的支持，达尔文不惜找来远在美尔庄园的舅父为他说话。最终，在大家的帮助下，达尔文此行终于得到了父亲的许可。

在考察期间，达尔文对新世界的奇花异草、珍禽异兽产生了巨大的兴趣，他收集了大量的动植物标本，并一一托运回国。在这次长达5年的航行中，达尔文以其细致的观察力，发现了无数在当时《分类学词典》中尚未记载的生物，并一一记录在案。里约热内卢的秃鹰、鸵鸟、豚鼠、刺鼠，圣斯蒂芬港的蜥蜴、鲨鱼、陆龟等都成为达尔文研究的对象。达尔文在考察期间，还发现了史前巨兽——大懒兽的化石，为欧洲生物研究学的发展做出了巨大的贡献。

1836年10月2日，经历了5年的航行考察后，达尔文搭乘贝格尔舰归航回国。达尔文回到家中，他的归来受到了全家人的欢迎。在这5年中，达尔文托运的标本无数，为英国生物学的发展提供了无数有价值的材料。此时的他已是以科学家的身份回国，为家族增添了不少荣耀。

最终，达尔文利用这5年间的研究成果，提出了“进化论”的观点，成为人类历史上最重大的发现之一。

我们不妨回想一下，自己上次为了一件事情奋不顾身是什么时候呢？是因为家人不许我们养小宠物而据理抗争，还是为了考到更好的成绩挑灯夜战、不眠不休，还是为了搞明白一个英语语法点翻遍了图书馆的辅导书？

无论如何，如果有一样正面积极的事物能让我们奋不顾身地想要去了解、掌握，并且能让我们发自内心地感到愉悦的话，那么请一定要牢牢地抓住它。因为，它不仅能够让我们有奋斗的动力，还能够让我们在松懈的时候再次及时找到热情，让我们在追求理想的路上走得更踏实。

找到同道，互相扶持，定会走得更远

在成长的路上有很多美丽的风景，

但同样的风景看久了难免感到枯燥。

这时，我们需要一个同行的小伙伴，

一路上互相交流，互相督促。

曾经有一个朋友向我抱怨，半年前，他发现孩子对音乐有极大的兴趣，于是便给孩子买了一架钢琴，并利用业余时间在家教孩子弹琴。一开始，孩子对弹琴有着浓厚的兴趣，每天都早早完成作业，然后便开始练琴，但过了半年，孩子的热情却渐渐消退，现在连琴都不想碰。

朋友得出了一个结论，他认为大多数孩子的所谓兴趣都只是三分钟热度，初始的热情消退了，他们就很难再坚持下去。

事实真的是这样吗？如果这个孩子在学习钢琴的过程中，找到了一个志同道合的好伙伴，能够与小伙伴一起学习、成长，那么他还会轻易放弃钢琴吗？

其实，孩子们大多都很难完全静下心来钻研自己的兴趣，但是，每一个孩子都希望自己的爱好与新发现能够得到伙伴们的称赞，都希望自己取得的成绩能够跟身边的小伙伴分享。尤其是一些好动的孩子，他们往往宁可跟伙伴们竞争、交流，也不愿意独自一人去钻研、练习。所以，他们很多时候并不是不能把兴趣坚持下去，而是缺少了能与之一起交流的同好，正是因为缺乏同好的陪伴，才会感到枯燥无味，最终放弃了兴趣。

由此可见，在培养兴趣、发展兴趣的路上，一名优秀的同好能够让我们在相互激励中走得更远，同时也能够彼此互相监督，互相进步。

杨振宁是当今世界上最伟大的物理学家之一，作为中国科学院院士的他曾因为出色的成就而获得诺贝尔物理奖，被称为“中国物理第一人”。很多物理爱好者都将杨振宁视作中国科学的骄傲，却很少人知道在他成长的路上，还有一位同好与他一起成长。

在少年时期，杨振宁便与邓稼先相识了，二人同在崇德中学读书。那时候，杨振宁的学习成绩在班里名列前茅，而邓稼先的到来，则使得杨振宁全班第一的“王座”变得岌岌可危。在学习上，两人互相竞争，最终成为班里最好的朋友。一开始，邓稼先的数理化成绩远不及杨振宁，在杨振宁的影响下，邓稼先的数学与物理成绩渐渐提升，在这两门课程上的天赋也逐渐显露出来。

下课后，杨振宁与邓稼先几乎形影不离，那时候，他们都树立起了一个远大的理想：为祖国的发展事业做贡献。

抗日战争爆发以后，杨振宁一家赶赴西南大后方，而邓稼先则在20世纪40年代初期随着家人一起，绕道天津、上海、香港等地，历尽千辛万苦来到云南昆明。后来，邓稼先独自到四川投靠亲戚，并考上了西南联合大学，在物理系就读。

巧的是，杨振宁此时也在西南联大求学，已经是一名大三学生。两人分别数年后，又在西南联大聚首，互相交流学习心得。邓稼先不止一次在公众场合表示：振宁兄是我的课外老师，他经常就数学和物理两门课程对我进行指导。

对于很多同学来说，物理是一门十分复杂的课程。然而杨振宁与邓稼先两人，在学习物理的路上互相扶持，共同进步，最终两人都取得极大的成就。杨振宁考入了美国芝加哥大学物理系，后来为国家的科学事业做出了贡献；邓稼先毕业后则入职北京大学，最终成为著名的物理学家，成为国家的“两弹元勋”。

在求学的路上，有很多美丽的风景，但同样的风景看久了也难免感到枯燥。这时候，我们就需要一个同行的小伙伴，一路上互相交流，互相督促。当小伙伴感到枯燥的时候，我们要鼓励他坚持下去，当我们被困难挡住前路准备放弃时，相信小伙伴们也会为我们加油鼓劲。

各位同学对马克思肯定并不陌生，他与恩格斯共同起草的《共产党宣言》对社会主义国家的发展起到了至关重要的作用。但是，在马克思的青年时期，他的生活却并不如我们想象中过得那么好。那时候的他贫困潦倒，虽然一心想要沉浸在革命活动的氛围里，可现实的压力却让他不得不低头。

正在马克思准备放弃梦想的时候，他遇到了恩格斯——一个足以改变他一生的伙伴。恩格斯看马克思生活困难，就无条件地资助马克思，甚至将自己所有的积蓄都送给了他。

这两位志同道合的有志之士在一起工作了40年，在此期间，伟大的马克思主义诞生了。这40年里，他们共同学习，一起领导国际工人运动、办报、编撰杂志和起草文件，共同起草了著名的《共产党宣言》，建立了伟大的革命友谊。

马克思和恩格斯之所以能成功，与他们一路上彼此陪伴、互相扶持是分不开的。这两位伟人用一辈子的友谊告诉了世人，建立在共同信仰和追求基础之上的友谊，能够帮助我们走得更远。

所以，为了让我们能够在未来的路上走得更远，不妨尝试着找一些有着同样兴趣爱好的伙伴，一起交流、学习，通过互相监督、互相切磋，甚至是互相竞争的方式，促使自己不断向前。

未来的路还很漫长，一路上我们会遇到各种意想不到的难题，也会有许多值得记住的瞬间。如果有一个人可以跟自己一起分享成长路上的喜怒哀乐，那一定是一件十分幸福的事情。

不要放弃兴趣之外的事

正处在为人生打基础阶段的我们，
如果现在只把根扎到自己感兴趣的土地上，
日后又怎么能够吸收充足的养分，
茁壮成长呢？

在我成长的年代里，有许多同学都十分崇拜韩寒。他先是因为长篇小说《三重门》为人们熟知，年少成名的他后来又因为兴趣而投身于赛车事业，并且在大型国际赛车拉力赛中获得了不错的成绩。韩寒的成长之路，让很多同学看到了兴趣的力量。

但有很多同学会认为，只要自己能够一直坚持自己的兴趣，以后我们就一定能够有一番成就。在这种思想的影响下，很多同学只顾着埋头在自己感兴趣的领域钻研，对其他的事情则一概不理。

有的同学喜欢语文，便将数学、英语等学科放在一旁；有的同学喜欢英语，就天天只学英语；还有的同学最喜欢的事情就是到处去玩，结果一玩起来就不顾学习，成绩一落千丈。在学习中，偏科的现象十分常见，我们是否应该任由自己，对那些不喜欢的课程置之不理，只顾着学习自己喜欢的知识呢？也许我们可以从韩寒的经历中得出这个问题的答案。

韩寒，这个17岁便在“新概念作文”大赛中一举折桂的天之骄子，由于偏科严重，在高一那年选择了自动退学。老师问他没有学历加持，日后该如何谋生时，韩寒说：“我靠我的稿费生活。”

事实上，韩寒做到了，他的作品撑起了21世纪初期青年文学的半边天。可是，他真的只是在自己感兴趣的领域努力吗？其实，韩寒在很多访谈里都说过：“人可以不上学，但不能不学习。”他在退学以后，并不是只专注于自己的文学事业，而是自行把握时间，主次分明地学习不同的课程。

20年以后，韩寒在微博上发表长文，提起曾经退学的事情，他感慨道：“退学是一件很失败的事情，说明在一项挑战里不能胜任，只能退出，这不值得学习。”

读书也是如此，如果我们只是从兴趣出发，单纯学习一门学科，而漠视了其他学科的发展，那就说明了我们无法完美地完成其他学科的学习任务。这种偏科的现象，我们应该努力纠正并且尽量避免。

我们都知道，想要在一个领域中取得成功，那就必须掌握该领域的大量知识，但是这并不意味着其他领域的知识我们就可以置之不理。

作为学生的我们，正处于吸收知识的阶段，每一门学科的设立都对我们的人生观、价值观、世界观和思维能力有一定的帮助。学习语文能够使我们更好地表达自己，学习数学能够培养我们的逻辑能力，学好英语可以使我们日后顺利地与国际友人沟通……

我们在培养自身兴趣的同时，也应该尝试着争取提高每一科的学习成绩，等我们的综合知识水平达到了足够好的程度之后，再继续单独钻研我们的兴趣也不晚。

俄罗斯总统普京年少时，是一名体育爱好者，尤其精通桑勃式摔跤，曾经代表学校摔跤队拿下了多块奖牌。快70岁的他在谈论童年的时候经常表示，之所以到如今他依然保持着旺盛的精力，主要在于他一直都热爱身体锻炼。

普京13岁的时候，十分沉迷于摔跤。每天放学回家匆匆吃过晚饭，普京便出门找几个志同道合的朋友，一同到俱乐部里练习摔跤。

普京自小就对自己要求很严格，这也使得他在这项体育运动中崭露头角，深得教练喜爱。然而在当时苏联的教育体系下，如果普京的文化课成绩不及格，那么即使他在训练场上再优秀，也无法踏入体育场半步。

事实上，普京当时的文化课成绩已经临近不及格的边缘，为了继续训练，普京不得不花费更多的时间去学习文化课，不管是数理化，还是文学、俄语、历史等文科课程，他都必须比常人花费更多的精力，才能勉强合格。

最要命的是，从小缺乏音乐基础的普京如果想继续他的“体育梦”，还需要把音乐课成绩提高。为了能实现自己的摔跤梦，普京不得不强迫自己去学习兴趣外的课程。可也正因如此，他逐渐对文化课产生了浓烈的兴趣。最终，普京考上了列宁格勒大学的国际法专业，在大学的学习，为他日后的政治生涯打下了坚实的基础。

试想一下，如果普京只学自己感兴趣的内容，而不去学习其他课程，那么普京还能取得如今的成就吗？

作为学生的我们，应该全面发展，多接触不同学科的知识和多种价值观。正处在为人生打基础阶段的我们，如果只把根扎到感兴趣的土地上，日后又怎么能够吸收充足的养分，茁壮成长呢？

所以，不要轻易放弃任何一门学科，也不要以兴趣为借口去放任自己。身为学生的我们必须记住：除了努力学习自己感兴趣的内容之外，也别忘了兼顾学习那些兴趣外的知识。

将不得不做的事，培养成兴趣

读书与学习并不是一件简单的事情，

它对人的综合能力有一定的要求。

但只要我们愿意去做，

那么一切都不会是问题。

相信同学们都听说过这句话："道理我们都懂，可就是做不好。"大家有没有想过，究竟是什么原因才会出现这种情况呢？

有很多同学在学习上就有这样的问题，明明知道学生应该全面发展，不应只注重学习自己喜欢的科目，可实际上，能在学习上做到面面俱到的人并不多，出现偏科情况的同学亦不在少数。

有很多同学都说过这样的话："让我干我喜欢的事情，我永远不觉得累，可是让我学习我不喜欢的东西，我就怎么也提不起兴趣。"

要知道，学习是我们作为学生必须做的事情，而且学习也是为我们更好地成长打基础。既然如此，为什么我们不尝试着把我们厌恶的学科变成我们新的兴趣呢？

苏联著名教学研究专家索洛维契克做过一个叫"趣味学习法"的实验，实验的对象是几千名后进生。经过一段时间的趣味学习之后，索洛维契克陆续收到了学生的反馈，绝大多数受试者对于实验效果感到十分惊讶：原来那些让他们头痛的学科都变得有趣起来，还有不少同学对学习产生了极大的兴趣，拥有了自信。

当时，很多媒体猜测索洛维契克是在给这些学生“洗脑”。可事实上，索洛维契克并没有做什么“洗脑”的事情，他只是要求这些后进生在实验周期内做到以下两点。

第一，做好学习的心理准备。索洛维契克在实验开始之前，多次向学生们灌输学习理念，并且不断通过激励的方法让他们对学习产生短暂的热情。尤其是那些大家都不感兴趣的科目，索洛维契克要求大家必须在实验周期内尝试着对它们保持足够的热情，甚至让每一名学生都尝试着向自己最不喜欢的科目“示爱”——面带微笑地准备进入学习状态，并且幻想日后自己这门科目取得优秀成绩，使他们对学习产生短暂的兴趣。

第二，强制要求自己花费更多的时间去学习，对此索洛维契克提出了三条具体的做法。

（1）预先留出足够的学习时间

不知道大家有没有这样的经历，刚开始学习的时候，总是很容易走神，但心不在焉地学了一段时间后，我们反而渐渐地被书中的内容所吸引，完全能做到“两耳不闻窗外事”。

学习是一件需要持续进行的事情，如果单靠碎片时间去进行系统学习的话，那么我们就不会有太多的收获。但如果我们能够持续地进行一个小时或是两个小时的高效学习，那么我们就能更清晰地摸索到知识的脉络与内在逻辑，同时也能够在学习的过程中感受到知识的乐趣。

（2）把学习之外的事情先放在一旁

很多同学在学习的时候总是分神，其中最重要的原因就在于他们在学习的时候总有着许多其他的想法。在学习自己不喜欢的科目时，总会想着妈妈是不是已经做好了晚餐，或者在想周末要约小伙伴去哪里玩耍。

对此，索洛维契克认为，我们只要进入了学习状态，就必须强制要求自己在学习时间内认真学习，将学习之外的所有事情放到一旁，真正地投入到学习中，从书中获取知识。

（3）抓紧分分秒秒的学习时间

浮躁，是我们在学习过程中面临的最大问题。很多同学在学习时，满心满脑想的都是尽快结束，好跟小伙伴们一起出去玩。事实上，这种心不在焉的学习方式并不能使我们的学习效果提高，反而会影响我们的学习效率。

既然我们已经设定好了学习时间，并且决定在这段时间内将所有与学习无关的事情都放到一旁，那么我们不妨就尝试着好好珍惜分分秒秒的学习时间。

索洛维契克认为，读书与学习并不是一件简单的事情，它对每个人的意志力、自信心、注意力、记忆力等综合水平有着一定的要求。但是，只要我们对学习产生了兴趣，那么一切都不是问题；反之，如果我们对学习缺乏兴趣，那么定然会学不好。

《桃花源记》中是这么描写桃花源入口的——初极狭，才通人。复行数十步，豁然开朗。我们学习也是一样，在面对必须学而又不怎么感兴趣的科目时，一开始总是觉得很难学得进去，可是如果我们强制要求自己不断学习，有了一些进步之后，相信不需要太久，我们也能够感受到这种“豁然开朗”的美妙感觉。

所以，大家不妨尝试着忘记对学习的抗拒心理，尝试着强迫自己用心去学习，相信很快我们就能够感受到学习不同科目给我们带来的乐趣。

第七章

课外阅读与课堂学习是不可分离的

课外阅读与课堂学习是相辅相成的

用课堂知识，去弥补课外阅读的不足

在课外阅读中，融合不同学科的知识

课外阅读是课堂学习的基础

课外阅读让课堂学习变得更加有趣

课外阅读与课堂学习是相辅相成的

如果我们不去阅读，

那么就没有办法找到学习的动力；

如果我们不认真学习，

那么阅读就失去了它的意义。

很多同学并不像父母期盼的那样热爱学习，之所以还能坚持，不过是他们为了满足父母的期盼，不得不将学习当成是任务罢了。

我身边有这样一个孩子，在初中就读的他，正处于最反叛的青春期，他不仅不愿意在课堂上好好学习，甚至还敢公然旷课。为此，他的父母曾多次对他进行教育，但每次都是以争吵收场。

大家都对这个孩子无计可施，就连他的父亲也对他失去了信心，开始为他离开校园、走上社会做打算。但幸运的是，这个孩子在最反叛的年纪，遇到了一本让他极为感兴趣的书。

有一年春节，他们一家人来到我家拜年，临走前，我送了他一套《明朝那些事儿》作为礼物。后来，他的父母告诉我说，孩子对这套书籍爱不释手，拿回家就开始废寝忘食地阅读。这套书给孩子带来了极大的改变，现在他主动回到学校里学习知识，在短短几个月时间里，他的成绩提高了很多，尤其对历史的学习更是产生了浓厚的兴趣。

父母欣慰于这个孩子的改变，很多长辈也说他长大了，懂得为自己的未来着想了。究竟是什么让这个孩子在短短的几个月内，从一个不爱学习的“熊孩子”变成一个热爱学习的好学生呢？

我想，这就是阅读与学习的力量。

孩子的天性总是贪玩的，他们总想去寻找一些新奇、刺激的娱乐方式，而不愿意去学习那些枯燥无味的课堂知识。只是，很多孩子都没有发现，其实书里头的内容比生活中的那些娱乐活动要有趣得多。

其实，很多孩子在成长的过程中，都经历过这种“突变”。我有一位同学，小学时学习成绩不怎么样，整天只顾着四处玩闹，上了初中以后却突然爱上了学习，这突如其来的转变让很多人都摸不着头脑。

而这个转变的原因，就在于他在初中的时候接触到了一本物理科普书籍，他将书上的知识应用到生活中，感受到了学习的乐趣，获得了极大的成就感。这使他在短时间内爱上了学习。

很多同学都喜欢看课外书，可是却不喜欢学习，大家有没有想过这是为什么呢？我想，原因或许在于我们都善于从课外书上找到有趣的地方，却不懂得怎么从枯燥的课本或是辅导书中找到兴趣之所在。

可是我们需要明白的是，学习学校安排的课程不仅是我们的必修课，还是我们进行课外阅读的基础。

试想一下：如果不是在语文课上认识了那么多的字，我们怎么能读完一本自己感兴趣的书？同样道理，如果我们没有在课堂上学到足够的知识，那么在面对稍微深奥一点的书籍时，我们又怎么能理解书中的观点呢？

想要看清这个世界，找到生活中的乐趣，一定要进行大量的阅读。阅读是我们接触新事物最便捷的方法，一纸文字便能够让我们看到世界每一个角落的风景。而学习各种学科的知识，则会让我们变得更加睿智，学会从事情的现象看本质，掌握世间万物运行的原理。

如果我们对交朋友感兴趣的话，那么我们可以通过阅读各种文学作品，帮助我们深入地了解身边每一个人的想法与性格；如果我们对生活中某些奇异现象感兴趣的话，那么我们可以通过学习生物、物理等科学类知识，帮我们解开心中的那些“不解之谜”。

阅读与学习是相辅相成的，如果我们不曾通过阅读去找到自己的兴趣，那么我们也找不到学习的动力；如果我们不通过学习去深入地了解知识，那么阅读便也失去了它的意义。

每一个热爱生活的人都热爱阅读，每一个喜欢阅读的人都喜欢学习。学习与阅读就像是一对孪生兄弟，陪伴着我们走过青春的旅途，让未来的我们拥有无限可能。

用课堂知识，去弥补课外阅读的不足

出生没多久的小老虎，
看到猎物总要追逐一番。
可是，不经过系统的练习，
怎么能成功抓捕猎物呢？

很多同学都有这种感觉：喜欢读课外书而不喜欢看教材。读课外书时，我们总是精神满满的样子，可是学习“正经”知识的时候却总会感到莫名的枯燥，仿佛时间都变慢了一些。

但是，随着年龄的不断增长，我们的知识体系不断完善，我们还会发现，曾经对课外书有着浓厚兴趣的我们，在不知不觉中，渐渐地对课外书也失去了兴趣，曾经让我们手不释卷的书，也变得无趣起来。

之所以会出现这种情况，主要是因为那些课外书已经无法满足我们对知识的需求，同时，想要阅读更深奥的课外书，则需要好好学习才能读懂。

我小的时候，曾经有一段时间十分喜欢种植一些花花草草，尤其是蘑菇，因为自己爱吃，每次妈妈买来蘑菇的时候，我总要掰下几个埋在土里，静待蘑菇生长，希望能长出很多很多的蘑菇来。

然而，令我感到失望的是，我从来都没有种出过蘑菇，这让我深感挫败，甚至差点因此放弃了种植的爱好。直到初中时期，接触了生物课以后，我才明白蘑菇属于菌类植物，不能单纯靠植物本体生长，必须通过烦琐的手段去提取种子，精心护理，才能长出一个个漂亮的蘑菇。

掌握了这个知识点之后，我就嚷嚷着让妈妈去农场，给我买了一些蘑菇菌包。随后，我翻开生物书，依照书中所言给蘑菇菌包创造出一个合适的生长环境。神奇的是，过了几天后，那小小的菌包竟然真的长出了一簇簇小蘑菇。

从那以后，我经常让妈妈给我买各种各样的菌包，通过自己的劳动让小蘑菇发芽。看着一簇簇小蘑菇在自己的照料下茁壮成长，其中的乐趣自然不言而喻。

阅读也一样，有时候因为机缘巧合，我们可能会对一些领域的知识颇有兴趣，但是由于基础知识储备不足，我们无法从中找到更多的乐趣，从而错过了培养兴趣的机会。

我曾经遇到过一个孩子，他对各种地理图册十分感兴趣，不管图上是名山大川，还是奔涌的河流，他总一看就是一整天。后来，他又随着父母四处旅游，身临其境地感受山河的壮丽。

然而没过几年，他就懒得再四处去观看美景，反而只喜欢在小院子里跟同学玩闹，他的父母都感到十分可惜。后来，他接触了地理课以后，重拾了儿时的兴趣。

除了在课堂上认真听讲之外，他还让父母给他买了许多以前看不懂的地理学科普书，在课余时间阅读。遇到不懂的地方，他便查阅相关工具书寻找答案。后来，他甚至可以给父母讲解丹霞山地貌、雅丹地貌等地理学知识。

系统性的学习能够让我们更好地了解事物的本质，更深刻地感受到生活的乐趣。有的同学从小就喜欢弹钢琴，可是由于缺乏足够的乐理知识与系统训练，他们始终只能弹几首简单的曲子，久而久之，他们便会感到厌倦，慢慢地就会放弃这份爱好。但是，如果在学习钢琴的同时，能够多了解一些乐理知识，通过钢琴练习，加深自己对乐理知识的理解，以曲调的形式弹出，那么，我们就能够从中感受到那千变万化的旋律，找到无穷无尽的乐趣。

同样道理，如果没有经过系统的学习，很多课外书籍我们就只能读个一知半解，慢慢地也就会使我们失去阅读的兴趣。但是，如果我们在学校经过了系统的学习之后，我们就能够更好地读懂课外书籍的内容，感受到阅读的魅力。

勇猛的老虎在年幼时，无论看到什么猎物都要去追逐一番。如果小老虎想在这个残酷的丛林里生存下来，那么它们需要的不仅仅是追逐猎物，还需要科学地练习奔跑和捕猎的技能，给自己储存更多的能量。对我们来说也是一样，只有经历了系统的学习，才能让自己收获更多。

所以，我们以后千万不要只顾着看课外书而不用心学习了，要知道只有经过系统的学习，我们才能够看懂更多的课外书，让自己在阅读中收获更多。

在课外阅读中，融合不同学科的知识

如果把学习比喻成建房子，
那么课堂知识是钢筋水泥，
课外知识就是精致的装饰品。
只学习课堂知识可能会让我们感到枯燥，
而课外知识则能让课堂知识变得有趣起来。

很多家长以为，作为学生的我们如果经常阅读课外书，会对我们的学习带来不好的影响。可事实证明，很多课外的知识还能够巩固我们在课堂上学到的知识，有时候甚至还是我们在课堂上所学到知识的一种延伸。

为什么有些同学上课的时候听讲很认真，却还是没有办法考出好成绩呢？主要的原因还是在课堂上学到的知识过分抽象，他们无法将课堂知识融入自己的知识体系中，将课堂知识与自己的认知分隔开来。

很简单的道理，当我们还是小孩子的时候，如果家长单单告诉我们1+1=2的话，那么我们就只能够用记忆力强迫自己记住这个结果，但如果家长给我们拿来两个苹果作为道具，并且告诉我们一个苹果加上另一个苹果等于两个苹果的话，我们就很容易记住了。

学习也一样，如果我们不能够把知识纳入到我们的认知体系中，那么我们就只能够通过死记硬背的方式去学习，这种学习方式不仅仅让我们感到枯燥，效果也会不尽如人意。因此，很多同学都会出现很努力但成绩却一直上不去的现象。

对于这个问题，我们也可以尝试着通过课外阅读去解决。一方面，我们可以选择自己感兴趣的内容，来进行课外阅读。这样做有助于我们掌握一些零碎的知识点，让自己对某个领域的知识形成一个大致的框架；另一方面，大部分课外阅读与课堂知识是可以融会贯通的，如果从课外阅读吸取的知识能够在课堂上再次学习的话，那么就能够更好地加深我们的记忆。

我邻居有一个孩子，他平日最喜欢到我家里来借各种文学作品阅读。有一天，他找到我说："老舍爷爷的生活真有趣。"

我一听，顿时来了兴趣，问："啊？怎么个有趣法？"

这个孩子指了指我书架上的一本书，说："我之前在这本书里读过老舍的《养花记》，碰巧的是今天我在语文课文中又学到了他的《猫》，你说他又养猫又养花，还能够把这些趣事写出来，他的生活该是多惬意啊！"

听了这个孩子的话，我不禁扑哧一声笑了出来，与此同时，我也不得不佩服他的发散思维能力与理解能力。成年人读书，很多时候都比较有功利性，只会从书中挑取合适的知识点阅读，而不会感受书中的乐趣；而孩子则更能感受到书中字里行间的趣味性，并形成自己独特的理解。

就像这个孩子一样，因为他读过老舍的散文《养花记》，在他的认知里对老舍已经有一定程度的印象。当他学到《猫》这篇课文的时候，便能够更好地体会作者的文风、文章的意义等知识点。有了课堂知识的补充和老师的指导，老舍就像他的一位老朋友一样熟悉。

学习就像是造一间房子一样，如果我们把课堂知识当成是钢筋水泥等主要材料，那么课外的阅读就相当于灯饰、浮雕等装饰品。依靠钢筋水泥造出来的房子只是个毛坯，只有加上了装饰品的点缀，这所房子才会变得精致。

学习也是这样，只是在课堂上学习课本知识，我们很容易会感到枯燥，可能还会因为知识点太过抽象而无法理解。但是，如果我们将课外的知识融入课堂知识中，我们往往能够更好地吸收课堂上的知识，并且对学习产生更大的兴趣。

所以，阅读课外作品，不仅能够让我们收获更多的知识，将课文上的知识点记得更加牢固，同时也能够让我们将课外书的趣味性延伸到课文当中，让学习不再单调枯燥。

课外阅读是课堂学习的基础

没有课外阅读经验的孩子，
知识面一定是十分狭窄的。
不同的课外阅读量，
决定了不一样的起跑线。

“别让孩子输在起跑线上”是如今十分流行的一句话。这个“起跑线”指的是什么呢？就是第一天上学的时候，每个同学的知识架构以及理解能力。

有的同学在入学之前已经认识超过一百个字，并且能够完成简单的加减法运算，而有的同学在入学前什么都没学过，甚至还不知道上学是怎么一回事。

究竟是什么原因，导致了这种差距的存在呢？不妨先看一看下面这个故事：

冉冉今年4岁，在社区幼儿园上学。小小年纪的她，已是园里的“小明星”。她能够背诵很多古诗，这让幼儿园里的老师和同学都惊叹不已。

其实从1岁多开始，冉冉就渐渐地在父母的朗诵中，潜移默化地学习了很多文学知识。每天晚上，冉冉的母亲都给她朗诵10分钟的古诗。冉冉长大一点之后，就开始与母亲交流，甚至已经开始看《唐诗三百首》学习汉字了。

也许很多同学认为，4岁的年龄根本就不懂得古诗里面的意境，读了也白读。然而通过家长的引导，冉冉已经能够很好地理解很多唐诗里的词句的含义了。在生活中遇到相同场景的时候，她的脑子里就会呈现出那句古诗词。

恰如《魏略》里面记载的那样：书读百遍，其义自见。也许很多同学认为，读一些课外书对学习不会有太大的作用，然而实际上，积累了足够多的课外知识之后，深奥的知识与新奇的现象我们会更易于理解和接受。

所以说，要想让自己赢在起跑线上，我们首先要进行一定程度的阅读，因为阅读是我们所有学科学习的基础。除了能够让我们更好地学习课堂知识之外，阅读课外书对我们的学习还有什么样的积极作用呢？

首先，阅读课外书能让我们的阅读能力得以提升。大家回想一下，在刚刚开始学习时，课本里的课文是否会让我们感到有点阅读困难？或者说，在阅读的时候我们是否很难做到一气呵成？

如果答案是“对”的话，那么很明显，我们的阅读能力并没有跟上我们当时的学习进度。想让阅读能力得以提升，或者是在同龄人中脱颖而出的话，那么单纯依靠课堂上的知识学习是远远不够的。我们还需要通过课外阅读去感受不一样的文风与写法，培养自己的语感，这样我们才能够在开阔自己的眼界的同时，提升自己的阅读能力。

其次，阅读课外书还能够让我们的写作能力有极大的提升。众所周知，作文是考试中占据分值最大的一个部分，如果我们想要取得好成绩的话，良好的写作能力是必不可少的。通过一定程度的课外阅读，我们不仅可以学习优秀的作者对文章布局谋篇的安排，也能够提高自己的词汇量，使自己的写作能力在不知不觉中提高。

最后，课外阅读还能够提高我们自身的素质，帮助我们形成自身独特的思维与学习方式。很多时候，我们与其他同学之间的差距并不是天赋之间的差距，而是思维方式上的差距。我们通过阅读，可以接触到不同作者的思想，属于我们自己的观点也会在阅读的过程中逐渐形成，最终产生独有的见解。

著名的教育家叶圣陶老先生说过，充分的课外阅读可以实现六个“获得”：一是获得间接经验为写作材料；二是获得作者的思想、道理形成观点可供思索和立意；三是获得作者的感情以陶冶情操；四是获得认识事物的方法，以便自己会观察、会思考；五是获得表达方法，布局谋篇、铺陈比兴有所借鉴；六是获得语汇，有了语言积累。

所以，要想让课堂学习变得事半功倍，定期的课外阅读是不可缺少的，相信那些阅读的时光，在日后一定会成为我们一生中最宝贵的财富。

课外阅读让课堂学习变得更加有趣

聪明的同学，

并不是真的拥有过目不忘的能力。

他们真正拥有的，

是一个能将枯燥的知识变得有趣的大脑。

阅读能让课堂变得更加有趣，我们从课堂上学习到的知识能够通过课外书不断延伸。同时，课堂也是课外阅读的深化，我们从课外阅读中学到的知识，可以通过课堂学习去深入了解。

然而，很多同学会觉得课本的内容十分枯燥，从而对学习完全提不起兴趣。他们不知道的是，课本上的内容实际上并不枯燥，他们之所以会感到枯燥，主要是因为他们缺乏给知识增加趣味的能力。

有的同学对物理实验或是文学经典十分抗拒，这并不是实验或者作品本身没有意思，主要原因还是在于他们无法掌握实验的诀窍或是不能完全理解文学经典之所以经典的原因。

有的同学则十分善于将课堂知识变得生动有趣，因为他们已经有了足够多的知识储备，很容易将储备知识趣味性的一面与课本中的知识相结合，让课本中的知识变得更加容易理解。

比如说，在一次语文课中，老师讲到了《普罗米修斯》这篇课文，天神普罗米修斯为了让人类能够取暖和照明，从火神那儿偷走了他的火种带到地球，并因此遭到了天神宙斯的处罚。

潇潇同学想起了自己曾在一本古希腊神话故事书中，看到过普罗米修斯的故事。潇潇将普罗米修斯、宙斯、火神等神话故事人物之间的关系梳理了一遍，在下课的时候跟同桌说起了普罗米修斯以外其他人的故事。

而另一个同学添添在上课的时候却是另一种状况，他没有读过相关的神话故事，他怎么也没有办法想象出如果世界上没有了火，会是什么样子。

当老师讲到“很久之前，地球上并没有火”的时候，添添竟然一脸奇怪地跟同桌说：“没有火有什么关系？我们不是还可以用电？”让同桌啼笑皆非。

也正是这样，添添整节课都没有听进去，他无法理解这个神话故事，也不知道普罗米修斯给人类带来火种究竟有着怎样的意义。

所以，同样一节课在不同的学生那里，有着不同的理解。之所以会出现这种情况，主要在于听课的人是否拥有相关的知识，对课堂的内容能否进行深入的理解和延伸。

潇潇这样的学生，在课余时间阅读了不少课外书，因此当她听到老师讲普罗米修斯的时候，就能第一时间将课堂的知识与课外知识相结合，并且将课堂上的知识点融入已有的知识体系中。

而像添添这样的学生，由于他没有在课后学习到相关的知识，所以他不能够理解课堂上的内容，以至于一整节课都只能神游天外，无法理解课堂上的知识。

课堂上的知识就像是一条笔直的道路，我们在老师的带领下，可以沿着这条道路不断地前行；而课外知识就像是道路两旁秀丽的风景，如果我们不懂得去欣赏两旁的风景，那么前行的过程就会变得十分枯燥。

所以，我们不仅要把课内的知识学透，也要重视课外阅读的力量，不管是自己感兴趣的还是不感兴趣的，最好都有所涉猎。同时，对自己感兴趣的领域要更深入地学习。

比如说，如果我们在课余时间了解了一些相关的物理知识，那么在学习课文《两个铁球同时落地》的时候，我们就更能够了解伽利略对现代物理做出的贡献，同时也能够加深自己对课文的理解。

不仅仅是语文，其实不管是数学、英语抑或是其他学科，只要我们提前对要学习的相关知识有所涉猎，我们就能够把课本中的内容加以延伸甚至加以运用，而不是仅仅把它们当作是某种抽象的知识。

因此，我们在学习的过程中，不妨多阅读一些课外的科普读物，学会从生活中发现各种新奇好玩的知识，这样不仅仅能够让我们感受到阅读与学习的乐趣，同时也会让我们更好地巩固课堂学习的成果，实现事半功倍。

| 第八章 |

学习，是手、脑、口 并用的过程

要想学习好，多多用大脑

好记性不如烂笔头

敢于提问，有不懂的问题就要问

学习有诀窍：找到大脑的“巅峰时刻”

了解自己的薄弱环节，有针对性地克服难题

要想学习好，多多用大脑

如果我们读书只是装装样子，
不对书中的内容加以思考，
无法形成自己独特的想法，
那么读再多的书又有什么意义呢？

读书，其实是一个转化的过程，我们需要通过思考，把书中的内容转化成自己的东西。如果我们在读书的时候缺乏思考，那么我们读的书就没有任何价值。

古往今来，有很多名人都强调了读书与思考的重要性。其中，我国最著名的教育家孔子曾经对思考与学习之间的关系有这样的论述，即“学而不思则罔，思而不学则殆”，意思是如果我们只学习而不思考，那么我们就很难把书中的知识运用到生活中，甚至会因此陷入迷茫；而如果我们只会空想而不去实实在在地学习，那么无疑是在沙上建塔，最终会一无所获。

可见，我们在读书时，不仅仅要通过眼睛去阅读，还要用大脑去思考书中的内容，将作者的智慧转化成自己的知识。只有通过“读思并用”的方法，我们才能够更好地学习书中的知识，充实自己的头脑。

在《史记·廉颇蔺相如列传》里，有这么一个故事：战国时期，赵国名将赵奢有一个儿子名为赵括，此人从小在父亲的熏陶下熟读兵书，每每与人谈论兵家战事时，他总能够引经据典，出口成章，把别人驳得无言以对。

然而，赵奢并不以此为傲，反而认为儿子不过是纸上谈兵罢了。赵奢在临终前，更是再三叮嘱妻子，说："赵括这孩子，把用兵打仗看作儿戏似的，谈起兵法来，就夸夸其谈，目中无人。将来大王不用他还好，如果用他为大将的话，只怕赵军会断送在他手里。所以，日后大王若想让赵括出征，你千万要请求大王，一定别让他当大将。"可惜的是，后来赵国的国君并没有听从赵奢的意见，赵奢的担忧终究成为现实。

当秦国大军浩浩荡荡地闯入赵国领土之时，赵王连忙让廉颇抗敌。廉颇虽年事已高，却有着丰富的战斗经验。看秦军来势汹汹，廉颇连忙让士兵修筑堡垒，深挖壕沟，准备死守阵地，做好与秦军长期抵抗的打算。

秦军由于长时间进攻未果，导致粮草不足。眼看秦国就要败下阵来，此时秦国将领想出一计，命人在赵国国境内散布谣言："秦国就是怕让年富力强的赵括带兵；廉颇不中用，眼看就快投降啦！"

赵王听到这个谣言后，立马找来了赵括，询问带兵打仗一事。赵括得知赵王疑虑，便放言："廉颇老了，对阵秦军时只会畏首畏尾，要换作我，早就胜利归来了。"

赵王听后大喜，拜赵括为大将，接替廉颇。公元前260年，赵括领兵到达战场。随后，他把廉颇制定的制度全部废除，并下令称秦军若再敢领兵来犯，必须迎头痛击，杀他个片甲不留。

然而，空有理论而缺乏实践经验的赵括，在一次战役中误入秦军埋伏，被秦军重重包围，最终战死在秦军的箭下，手下20万士兵全军覆没，这便是历史上著名的"长平之战"。自此以后，赵国变得一蹶不振，不久就被秦国吞并。

赵括的失败，在于他只会照搬兵书中的理论，只懂纸上谈兵，而不懂得根据实际情况思考问题，最终错失良机，兵败沙场。在现实中，也有很多同学无法做到“读思并用”，读书的时候只是草草浏览，没过多久便把书中内容忘了个精光。

如果，我们读书只是装装样子，对书中的内容并没有加以思考，无法形成自己的观点，那么读再多的书又有什么意义呢？

爱因斯坦说过：“作为一名青年，独立思考与判断的能力应该始终放在首位。”我们读书也一样，在读书的过程中，书籍充其量只是我们通往知识海洋的桥梁，真正能让我们获取知识的，是我们在读书过程中所进行的思考以及实际生活中的运用。所以，我们在读书的时候不妨慢一点，让书中的一字一句都停留在我们的大脑中，用心去感悟书中的内容与作者的智慧，遇到不明白的地方不要不懂装懂，得过且过。只要我们停下来思考一会儿，带着问题继续学习，一定能够找到问题的答案。

英国散文大师约翰·罗斯金写过一本名为《芝麻与百合》的书，书中有一节深入地阐述了“读书如采金”的道理。罗斯金认为，每一位读书人都应该永远保持着采金工的开掘精神。罗斯金在书中这么说道：“思考是一件很困难的事情，但也是一件值得我们去做的事情。因为很多时候，你一直苦苦追求的美好就蕴含在作者书中所表达的渊博之中。每一本书里面的词句都是含金的矿石，你只要将它们打碎，并且在脑海中熔炼，那么你就能够拥有化石成金的能力。”

是的，在浩瀚的书海中，书籍就像埋藏在石头里的黄金一般。只有把对学习的热情化作尖镐利铲，把善于思考的大脑化作熔炉，你才能够开采出宝贵的金矿；反之，如果你缺少这些工具，没有开采的热情，那么你永远都没有办法得到书中的精髓。

由此可见，读书并不能流于表面、一目十行，而是需要我们不断地思考，把书中的智慧转化成自己的思想，这样我们才能够在学习中不断进步，收获智慧的果实。

小提示：读书时应该思考些什么

1.这本书讲的是什么

首先，在阅读一本书的时候，我们需要明白的是：这本书讲述的是什么内容？我们想要在书本里了解到什么？

当我们读《钢铁是怎样炼成的》的时候，我们知道这是一本讲述坚持与勇敢的书。那么，我们可以在阅读时思考，故事的主人公是怎么坚强地面对生活中那些困难的？我们应该学习他怎样的精神？

2.通过阅读这本书，我们应该怎么做

每一本书都会有一个明确的主题，这个主题就是智慧的结晶。我们读书就应该掌握这些智慧。所以，当我们读书的时候，不妨多关注一下书中主人公在面对困难时运用的解决方法。如此一来，当我们在生活中遇到同样情况的时候，也就自然懂得如何更好地解决这个难题。

3.多问几个“为什么”

把书读透是我们阅读的目标。因此，我们读书的时候不妨多问自己几句为什么。为什么作者要这么做？为什么主人公会这么做？这么做会给他们带来怎么样的好处？我们遇到这种情况应该怎么做？

相信经过长期的思考，我们一定能更好地吸收每本书的精华，同时扩大自己的知识面，增长见识。

好记性不如烂笔头

很多同学在读书的时候只贪图快，
不愿意花时间去做读书笔记，
这样的话我们很快就会忘掉书中内容，
长期下去，我们思考的结果也就慢慢忘记了。

翻书容易读书难。我们读书的时候，要吸收书本里的知识并不是一件容易的事。很多同学读书时虽然勤加思考，但“过目即忘”的难题却始终没有办法克服。

那么，要怎么做才能够更好地记住书本里的内容呢？

我国著名教育家徐特立曾经探讨过这个问题，他认为：“不动笔墨不读书。”如果我们在阅读的时候没有做好记笔记的准备，那么我们读书的效率定然会大大降低。

很多同学在读书的时候只贪图快，不愿意花时间去做读书笔记，这样做只会让我们更快地忘掉书中内容，眼睁睁地看着自己的智慧的结晶慢慢消失。这时候，我们就需要一支笔，将我们的思考结果记录在书上或本子上。

美国康州大学就读书笔记的重要性做过这么一个研究，实验组找来了300名学生，并且将他们分成三组，要求他们分别对某篇学术论文的小部分内容进行阅读，并且在10分钟后进行背诵。

第一组受试者拿到论文时，工作人员要求他们细细阅读，但不可发出任何声音；第二组则被要求在阅读的过程中大声朗读；第三组除了阅读之外，工作人员还为他们配备了纸和笔，让他们在阅读的过程中将重要的部分抄写一遍。

研究结果显示：第一组受试者记下来的只有原文内容的10%，第二组受试者可以背诵原文的30%，第三组受试者在进行抄写后，平均能背诵原文的60%。

这个实验结果颠覆了人们当时的认知。第一组在记忆的时候只运用了视觉，他们只能把眼睛看到的信息传输到大脑；而第二组同学则通过视觉将他们所得到的信息传输到大脑，并且通过朗读，加深了一遍记忆，所以大脑接收到的信息量自然大于第一组。

那么第三组呢？除了阅读和朗诵之外，他们还通过记录的方式再次深化记忆，使得那些重要的内容深刻地烙在大脑的记忆中，所以他们对论文的记忆比其他两组更加深刻。

由此可见，做读书笔记不仅仅能够帮我们梳理书中内容，画出重点，同时也能够进一步加深我们对文章的记忆，提高个人读书效率。

被称为中国当代第一博学鸿儒的钱锺书，就养成了记读书笔记的习惯，其《谈艺录》《宋诗选注》等学术著作均援引了数万参考书目。

看到这里，肯定有很多同学认为，钱老家中一定藏书无数。错了，在钱老的家中只有不大不小的两个书柜。那么，他是如何将数万册书籍文献记到脑子里的呢？

答案是“借”！

清代袁枚的《黄生借书说》中提到“书非借不能读也”，对这句话，钱锺书深以为然。钱锺书早年在牛津大学读书的时候，由于图书馆的书从来不外借，所以他便带着笔记本和铅笔前往，边阅读边做笔记，将书中内容一一记下。

每看完一本书以后，钱锺书一般都会将书送给他人，养成做读书笔记习惯的他，读完一本书便已经将书中内容记到脑子里，这也使钱锺书养成了过目不忘的能力。

大量的读书笔记，让钱锺书在进行学术研究时能够信手拈来，为他成为当代文学大家奠定了稳固的基础。

熟悉钱锺书的朋友都知道，他的记忆力是十分惊人的，十几年前读过的书，他依然能够倒背如流，因此，他的记忆能力也被外国友人称为“照相机式”的记忆。然而，钱锺书在读书的时候却一直坚信“好记性不如烂笔头”。

就连钱锺书这样的大家都依赖手中的笔头，勤做读书笔记。那么对于我们普通人而言，读书做笔记就更加重要了。

写读书笔记，能加深我们对书中内容的理解，同时也是我们梳理书中内容、加强记忆的重要途径。所以，学会做读书笔记，是我们在读书学习过程中要掌握的技能。

做读书笔记的小技巧

要做好读书笔记并不是一件容易的事情，究竟要怎么做才能够更好地完成一份读书笔记，让自己更好地记住书中的内容呢？

别担心，一切皆有诀窍：

1.我们在读书前要先准备好工具：便笺纸三张、笔一支。

2.当我们完成了一个章节的阅读后，先别着急读下一章。我们可以在脑海中梳理一遍上一章节的内容。

3.在进行了一次梳理后，我们就可以在第一张便笺纸上写下这个章节的主要内容，同时思考自己在生活中是否遇到过同样的事情，那时候我们是如何处理的？书里又提供了一种怎样的处理方法？

4.思考完毕后，我们需要在第二张便笺纸上写下我们的思考内容，然后对比一下，在遇到同样问题时，我们的处理方法和作者的处理方法有何不同，两者之间哪一个更好？

5.对比完成后，我们在最后一张便笺纸上记录：如果下一次我遇到同样问题，那么我应该怎么做？

6.三张便笺纸写完后，我们再将它粘在这个章节的最后，日后我们需要翻阅笔记的时候，就一目了然了。

敢于提问，有不懂的问题就要问

提问是学习方法之一，

有了问题，一定要及时提出来。

每一次的发问，

都能让我们在较短的时间内，收获到更多。

曾经有同学问我，如果遇到不懂的题目，在书里又找不到答案，应该怎么办才好呢？其实，方法很简单——不懂就问。

提问是我们在学习中最常见且最有效的方法，相比在书中寻找正确答案，提问能够更快地让我们得到即时的回答，省去了不少的时间。在课堂上，我们可以就不懂的知识向老师提问，在家里我们也能够向家长提问，这能帮助我们搞清楚那些困扰我们的问题。

虽然我们现在随时可以拥有提问的机会，但是在民国时期的私塾中，提问可以说是一件奢侈的事情。那时候上课，学生只能跟着老师念书，读熟了以后先生便让他们一个个地背诵，先生也不负责给学生讲解书里的意思。

孙中山在上小学的时候也遇到过这样的问题。某天，孙中山像平日一样，背诵先生当天教的课文。可是，他并不懂课文的意思，于是他壮着胆子站起来，问："先生，您刚才让我们背的这段课文是什么意思？请您为我们讲讲吧！"

话音刚落，课堂立马安静了下来，大家都把目光落在孙中山的身上。只见先生手持着戒尺，走到孙中山面前挥了挥，问："这段课文，你会背了吗？"

"会背了。"随后，孙中山把课文一字不漏地背诵下来。

先生的眼中露出了一丝欣慰，说："我原本以为，你们长大以后都能理解书中的道理，既然你们现在就想知道，那我就给你们讲讲吧。"

后来，有个同学问孙中山："你向先生提问题，不怕挨打吗？"

孙中山笑了笑，说："学问学问，不懂就要问。为了弄清道理，就是挨打也值得。"

正是这种"不懂就问"的性格，让孙中山在童年时代积累了比同龄人更多的知识。他在追求知识方面的从不将就，使他日后终于成就了一番伟大的事业。

有的同学在课堂上明明遇到了不懂的问题，却不敢举手提问。他们有的害怕公然提问会让老师不喜欢自己，还有人害怕自己提出的问题太过简单被同学嘲笑……

事实上，我们大可不必羞于在课堂上提问，毕竟我们的学习的目的就是把知识点弄懂。提问跟回答一样重要，就如爱因斯坦说的那般——"学源于思，思源于疑"，只有真正思考问题的人，才能发现自己不懂的地方。

如果我们能主动提出问题，恰恰说明我们比其他同学更善于思考，如此不但不会被同学们嘲笑，反而还能赢得同学们的敬重。

李四光之所以能成为我国著名的地质学家，也跟他从小就敢于提问有关。童年时的李四光，最喜欢玩捉迷藏，每次玩的时候他都会躲在一块大石头的后面。后来，李四光对这块石头的来历产生了疑问：这么大的一块石头，是从哪儿来的呢？

李四光到学校里问老师，老师想了想，说："我也不知道这块石头从哪里来的，在我小的时候它就在这里了。"

"是谁把它放在那儿的呢？"

"听说天上常常掉下来陨石，也许它就是从天上掉下来的吧！"

"这么重的大石头从天上掉下来，力量一定非常大。它应该把草地砸一个很深很深的大坑。可它为什么没卧进土里去呢？"

"这我可说不上来了。"

看老师答不上来，李四光又跑去找爸爸提问，可是爸爸也没有办法说清石头的来源。于是，李四光把问题记在心里，不断地去寻找答案。李四光长大后，到英国学习地质学专业。

后来，李四光利用课余时间回了一趟家乡，专门对这块大石头进行研究。终于，他弄明白了石头的来源：这块石头是被冰川带过来的。在进一步的考察中，李四光发现长江流域有许多冰川活动的痕迹。他的这一研究成果，震惊了全世界。

敢于提问，让孙中山和李四光获得了更多的知识，可见提问对于我们来说是多么重要。所以，当我们发现有不懂的知识时，不妨尝试着善用身边的资源，向师长或同学提问，寻找问题的答案。

课堂提问的小技巧

1.培养发问的勇气

在学习的时候，我们尽可能不要错过提问的机会。要克服心里的怯懦，敢于将疑问说出，这样才能够通过分析与交流来吸取我们想要的知识。

2.提问前先自己尝试找答案

提问之前，我们需要先自行寻找答案，实在无法找到答案的时候，再通过提问的方式去寻找答案。因为在学习的过程中，如果我们能够通过自己的方式寻找答案，那么我们的印象会更加深刻。

3.掌握提问时间

提问的时候，我们最好是等到下课，单独找到老师提问。因为如果我们在课堂上想到就问的话，很可能会打乱老师讲课的节奏，影响同学们的学习效率。

4.提问时请尊重老师

向老师提问的时候，我们必须带着谦卑的态度。如果老师解决了我们心中的难题，那么我们一定要对老师表示感谢；如果老师答不上来的话，也千万不要轻视老师，更不可咄咄逼人。

学习有诀窍：找到大脑的“巅峰时刻”

当我们决心要做好一件事情的时候，
不妨先好好了解自己，
留意一下大脑在什么时候达到最佳状态，
确定最佳的学习时间。

很多同学很羡慕拥有着超凡记忆力的同学，他们总能够把学到的东西牢牢地记到脑子里。也有很多同学会尝试着从网上学习各种记忆法，希望能够改善自己的记忆能力。

事实上，这样做的效果往往都并不显著。如果我们盲目地模仿他人的记忆方式，很可能还会出现反效果。所以，如果想要提高自己的记忆力，不妨先从自身出发，了解自己的学习习惯，如此方能够做到事半功倍。

著名作家村上春树在他的作品《当我谈跑步时我谈些什么》里，公布了他的工作时间表：每天凌晨4点起床，连续工作6个小时，然后整个下午都用于运动。规律又高效的工作，使村上春树成为日本首屈一指的小说家。

可是，如果我们尝试着把村上春树的时间安排用在学习上的话，恐怕大多数同学都无法忍受这种“奇怪”的生活节奏：在我们睡得正香的凌晨4点，村上春树便已经开始了一天的工作；而当我们正在高效学习的下午，他又已经早早完成了工作，进入了运动状态。

那么，如果村上春树像我们这样，每天早上8点开始工作，那么他的工作效率会不会比凌晨4点的时候更高呢？其实不一定，村上春树对工作时间的安排，是建立在他多年来对自己身体和大脑的观察上的，凌晨4点他更能迸发出灵感，创造出更好的故事。他的工作时间，恰好是他大脑的“巅峰期”。

事实上，每个人大脑的巅峰期都是不同的。有的人记忆力好，能够做到过目不忘；有的人记忆力相对较差，需要比常人更加刻苦；有的人精力很容易集中，能够长时间专注地完成工作；还有的人精神比较涣散，需要花更多时间去完成自己的工作。

但无论如何，我们都有自己最佳的记忆时间——在一天的某个时间点，我们的大脑运作会达到巅峰状态，在这个时间段里工作或者学习，往往能取得更好的效果。

1978年，美国的圣约翰大学做过这么一个实验：他们召集了一群志愿者，并且通过脑电波的形式观察他们的大脑在一天中的活跃情况。最终，他们得出了实验结果。

30%的人在清晨起床时的大脑状态最佳，他们在起床的时候精力十分旺盛，能迅速将自己切换到吸收知识的状态下。

30%的人在下午的时候状态最佳，当别人吃过午饭昏昏欲睡的时候，他们高效的一天才刚刚开始。

30%的人在晚上拥有超强的思考能力，尽管熬夜对身体不是很好，但他们却总是在晚上拥有最好的状态。

剩下10%的人比较少见，他们的大脑始终都处于巅峰状态，他们在一天的任何时间都能进行学习，能够长时间集中精力去思考和记忆。

除了那10%的天才，普通人大脑的巅峰时期都不尽相同。有时候，我们听周围的同学说早上背单词的效率高，但那只能够代表他们的大脑巅峰期在早上，并不意味着我们在早上背单词也能获得如此高的效率。

所以，当我们决心去做一件事的时候，不妨事先好好了解自己，留意一下自己的大脑在什么时候能够达到最佳状态，从而确定自己的最佳学习时间。

找到大脑巅峰期的小方法

1.找一个不忙的周末，早上起床后就拿一本书进行阅读，看能不能记住书中的内容。

2.到下午的时候，尝试着在纸上写下早上阅读的内容，如果我们能够回忆起并记录下来，那么可以把我们的大脑巅峰期暂定在早上。

3.如果无法记住早上阅读的内容，那我们可以尝试着下午再阅读另一本书，等到晚上的时候再回忆。如昊发现下午的记忆力高于早上，那么暂定我们的大脑巅峰期在下午。

4.等到晚上，我们再拿一本书阅读，并且在次日早上进行回忆，看看经过一晚之后，我们是否还能够记住书中的大部分内容。如果可以的话，那么我们的大脑巅峰期也许是在晚饭后的空闲时间里。

5.如果我们早、午、晚都能够回忆起上一阶段的读书内容，那么我们很可能是那10%的天才。

6.过几天，我们再重复一次这个验证过程。如果验证结果跟前几天的相同，那么我们就能够确定自己的最佳学习时间。

了解自己的薄弱环节，有针对性地克服难题

当我们发现自己的薄弱环节时，不必惊慌，
那是在进步的路上，必须克服的难关。
不要害怕成长中遇到的裂缝，
因为那里是光透进来的地方！

学习是一件需要全面发展的事情，无论是语、数、英还是德、智、体，在学习的过程中必须兼顾每一门学科，只有实现了全面发展，才能够为我们日后更好地翱翔打好基础。

可是，能真正做到全面发展的同学并不多。很多同学在学习的过程中，都发现了自己的薄弱环节，也就是我们常说的偏科。有一些同学偏科的现象十分严重，他们也因此感到十分焦虑。在学习中，如果我们有个别科目的成绩明显落后于其他科目的话，那么就得注意了——我们在学习中出现了薄弱环节。

面对自己的薄弱环节，不同的同学会采取不同的态度。有的同学会对此产生畏惧心理，从此不闻不问、破罐子破摔；有的同学会自怨自艾，抱怨自己天赋不足；还有的同学会迎难而上，打起十二分的精神，集中精力攻克自己的薄弱环节。

曾国藩是清朝第一个拜相封侯的汉人，他出身寒微，却通过努力，实现

了自己修身齐家治国平天下的抱负，成为掌握晚清命运的朝廷重臣。很多人肯定觉得曾国藩之所以能这么厉害，是因为他天赋异禀。然而，曾国藩非但不是拥有卓越天资的聪慧之人，年轻时的他反而“笨”得有点吓人。

曾经有人开玩笑说，曾国藩完美地遗传了他的父亲。据说，他的父亲曾麟书光考秀才就考了17回，直到第17回结束以后，县里人感动于他的毅力，才特地给了他一个小职位。而曾国藩虽然比他父亲稍微强点，但他也考了7次，才考中了秀才。

曾国藩“过目即忘”的弱点，让他备受煎熬。据说有一天夜里，曾国藩为了背下一篇小短文，在房间里挑灯夜读，然而记忆力不佳的他总是背了下句忘了上句，一晚上过去了他也没背出一点。

这时候，一名小偷潜进了曾国藩的家中，本想着等大家都睡着了以后偷点什么，可他等了半宿，曾国藩依然毫无睡意，小偷只能在房梁上一直躲着。

天快亮的时候，小偷再也忍不住了，于是从房梁上跳下来，指着曾国藩大骂：“你这头蠢猪，这么点句子也背不熟，听了一晚上，连我都听会了，让我给你背一遍。”说完，小偷果然一字不漏地背了下来，最后扬长而去。

曾国藩听了小偷的话，脸上火辣辣的。但是，他并没有因此而气馁，反而更加深入地了解了自己的弱点。为了克服记忆力不好的问题，曾国藩开始花费更多时间苦读圣贤书。别人读一遍就能懂的内容，他读十遍；别人看一早上就能背的文章，他抄一晚上……

最终，曾国藩通过不懈的努力考取了功名，留下了“天下古今之庸人，皆以一惰字致败”的千古名句。

说实话，曾国藩在学习上的智慧确实比较有限。从他的学习经历来看，他年轻时的记忆力也的确比较差。可是他并没有被困难吓倒，而是主动花费更多的时间去攻克自己的薄弱环节，愿意付出所有精力去克服眼前的所有困难。他的学习态度，弥补了他先天的不足，为他日后封侯拜相奠定了基础。

可是，在现实生活中又有多少同学能够像曾国藩一样，愿意主动花费时间，集中精力去攻克自己的薄弱环节呢？很多同学在面对薄弱环节的时候，总是心生畏惧，还没开始踏上征服的道路，就已经吓倒在起跑线上。

鲁迅说过："真的猛士，敢于直面惨淡的人生。"正所谓人无完人，每个人都有自己的薄弱环节。可是如果我们一直对这些薄弱环节视而不见、听之任之的话，那么我们永远得不到真正的进步。

三国时期，吴国名将吕蒙的战功可谓尽人皆知。十五六岁就开始从军打仗的他英勇无比，为吴国立下了无数汗马功劳。可实际上，虽然吕蒙立下了无数战功，但他凭借的只是他个人的骁勇善战，他在排兵布阵方面根本一窍不通。

有一天，孙权找到吕蒙，说："你现在还年轻，应该多读一些兵书，这样才能够不断地进步。"吕蒙听了以后，顿时明白了自己的短处。惭愧的他暗下决心，一定要弥补自己的不足。自此之后，他利用闲余时间熟读兵法，利用一切可以学习的机会去学习。

功夫不负有心人，发奋学习的吕蒙后来当上了偏将军，飞速成长的他让所有人都感到无比惊讶，就连平常看不起他的鲁肃也称赞道："真没想到，你进步居然如此神速。我以前只把你当作是一介武夫，可现在看来，你的学识远远不止如此啊。看来，你现在已经不再是从前的'吴下阿蒙'了。"

大家都听说过"短板理论"，即一个木桶能装多少水，主要取决于桶边最短的木板的长度，如果想要多装水，我们就要想办法把最短的木板补长。

读书也一样，如果想要攀上更高的山峰，那么只能用不懈的努力去填平我们能力上的缺陷，克服我们的薄弱环节。

当我们发现自己的短板时，也不必惊慌，那是我们在进步之路上必须攻克的难关。只有克服了薄弱环节，我们才能变得更加强大。

不要害怕裂缝，那里才是光透进来的地方！

克服薄弱环节的小技巧

1.寻找薄弱环节

人无完人，每个人都有自己的薄弱环节，用什么样的态度去面对薄弱环节，决定了日后如何去克服薄弱环节。我们要主动寻找我们的薄弱环节，并下定决心去战胜它！

2.牢记知识点

死记硬背是最辛苦的学习法，同时也是最有效的方法。我们在学习薄弱科目的时候，最好先自己回忆一遍老师讲课的内容，然后整理书本的知识点，通过强迫记忆的方式把所有的知识点记下。坚持不下去的时候，我们不妨想想曾国藩，他的天赋比我们差，可他最终却通过勤奋获得了成功。

3.串联知识点

书本上大多数的知识点都是有串联关系的，记住了基本知识点之后，我们不妨尝试着将这些知识点串联起来，梳理课本知识的脉络，如此我们便可一目了然地看到自己的不足，并定下学习目标。

4.不断练习才是硬道理

理解了书本上的知识点以后，我们需要通过不断的练习，完成知识巩固工作。多做练习，会进一步加深我们的记忆，甚至帮助我们练成过目不忘的绝技！

5.确保心态健康

完成以上几点以后，我们基本上就掌握了攻克薄弱环节的方法。但我们并不能因此就感到骄傲，更不能出现不懂装懂的心态。因为在日后的学习中，我们还会不断地遇到各种困难，但只要我们保持平和的心态，逐个攻克，就一定能够取得更大的成功。

| 第九章 |

保持专注，把精力集中在一件事上

专注是做好一切事情的前提

勤而不乱，专注于正在读的那一本书

把握课堂的“黄金 45 分钟”

劳逸结合，会学习也要会娱乐

培养自控能力，养成自律的好品质

专注是做好一切事情的前提

成功就像是一个聪明的孩子，

它只会把自己交给那些专注的人。

那些朝三暮四的人，

终究会与成功无缘。

有一天，牛顿的朋友到他家做客，牛顿准备好了酒菜摆在桌上以后，突然想起实验室里的灯没关，他又赶紧去了实验室。

然而，本来只是想着去关灯的牛顿在进入实验室后，又发现还有实验没有完成，于是他立即着手投入实验，将客人来访的事情忘得一干二净。后来，牛顿的朋友等得不耐烦，就自己先吃了起来。直到酒足饭饱，牛顿还没有回来，这位朋友一气之下，便不辞而别。

过了好几个小时，牛顿终于完成了实验。当他来到饭厅的时候，发现饭桌上的菜都已经被人吃了个精光。牛顿自言自语地笑道：“我还以为没吃饭呢，原来已经吃过了！”说完，便又走进了实验室。

牛顿因为太过专注实验，他连朋友到访的事情都忘了。在旁人看来，这也许是一件非常好笑的事情。可是对于牛顿而言，正是这种废寝忘食的专注，促使他成为改变人类历史的科学家。

试想一下，如果我们在学习上也能够拥有这种专注能力，那么我们学到的知识会不会比现在多很多？事实上，专注的力量非常强大。当我们专注于某一件事的时候，其他任何事情都没有办法干扰到我们的思维。如此一来，我们的学习效率必然会迅速提高。

某俱乐部正在举办围棋比赛，围棋队的教练却被旁边观展的一个孩子吸引住了。在一上午的比赛中，这个孩子跟棋手一样，一直一动不动地站在旁边，目不转睛地盯着棋盘。这样高度集中的能力让围棋队的教练感到惊讶。

次日，这个孩子跟前一天一样，又弯着腰看了一整天的比赛。教练在比赛结束之后专门走向了观众席，亲自上前与这个孩子搭话，邀请他进入围棋队一同训练。

这个拥有着极强专注力的孩子，名叫常昊，他的专注力得到了教练的肯定。常昊在6岁那年进入了围棋队，开始接受专业的围棋训练。他的这种专注力，使他在短短三年内进步神速，9岁时就获得了全国“棋童杯”赛冠军，并在次年进入了国家队。

常昊18岁那年，再次凭借着惊人的专注力，在中韩新锐对抗赛中取得二连胜，并且在第10届中日围棋擂台赛中，连胜日本5员大将，为中国队立下战功，奠定了中国队最后的胜利。

常昊的经历，让我们看见了专注的力量，这种高度集中的专注能力让他从众多好手中脱颖而出，为国争光。作为学生的我们，应该向常昊学习。

相信大家都有过这样的感觉：当我们全身心投入、认真处理一件事情的时候，身边仿佛就有了一堵墙，为我们挡住了所有外在的干扰。注意力高度集中的我们，只会认真思考眼前要处理的事情，甚至在某些时候还会进入到忘我的状态。

读书也一样。我们在读书学习时，最好的状态便是“两耳不闻窗外事，一心只读圣贤书”。只是，很多时候，当我们想要认真读书的时候，总会被身边的事情打扰。听课的时候，我们总是不由自主地转移了注意力；写作业的时候，我们很容易就被窗外的景色所吸引，总想着到外面走走……

这些举动不仅不利于我们培养自己的专注力，还会打断我们的学习思路，让我们难以进行深入思考，只能始终在知识的表层徘徊。长期下去，我们的学习效果也会大打折扣。

与其心不在焉地对着书本浪费几个小时，还不如全神贯注地学习15分钟。只有在我们专注于学习的时候，我们才能够学到更多的知识。如果我们实在是无法静下心来专注学习，那么不妨尝试着暂时放下书本，先去把其他想做的事情完成，再让自己心无旁骛地进入学习状态。

成功就像是一个聪明的孩子，它只会把自己交给那些专注的人，而那些朝三暮四的人，他们终究与成功无缘。

总而言之，在我们开始做事之前，必须懂得如何去专注面对。专注能够让我们深入地去学习任何事物，而不只是在浮于表面的浅层次知识中神游。三心二意让我们既浪费了时间，又学不到知识。

勤而不乱，专注于正在读的那一本书

看书学习就好比是走路一样，
如果我们想要走到更远的远方，
最好的方法还是稳步前行。
杂而乱是我们读书的大忌，
既浪费了时间又减少了收获。

相信每个同学都已经感受到了书籍在我们学习过程中的重要性，无论是参考书还是工具书，对我们的学习都有着极大的帮助。

很多同学在学习的过程中，虽然他们读书很勤奋，但是最终却并没有得到想要的结果。有的同学数学不好，所以到书店买了好多数学辅导书，翻阅了好几本之后成绩依然不见提高；有的同学英语不是很好，看了好几本英语读物，依然不见词汇量有所提升……

之所以会出现这种结果，大多是因为我们太过“勤奋”了。我们不妨回想一下，自己究竟多久没有认认真真、完完整整地读完一本书了？如果我们每本书都只看一点点，上一本书的内容还没有吃透，又迫不及待地换一本书看的话，那么我们很可能连一本书的内容都无法记住，更别说能够深入理解并合理运用书中知识了。

曾经有一个男孩的阅读理解水平很糟糕，他在老师的推荐下，买来了许多世界名著及历史读物。只是，无论他多么勤奋，每次考试他阅读理解的成绩都无法提升。

有一次，老师把他叫到办公室，问："我给你推荐的书你都看了吗？怎么阅读理解的分数总是上不去？"他皱了皱眉，说："看了，可是并没有什么用处。"

老师听了以后感到很奇怪，便问他是怎么看的书，男孩想了想，说："我翻开一本名著，发现其中的内容十分枯燥，所以我就换了一本历史故事书，可翻了几页，又发现里面的内容跟历史课本上的大同小异，接着我就翻开了另一本名著……"

听了这个男孩的话，老师明白了问题的根源，老师告诉他："所有的知识都需要我们慢慢累积，你知道你为什么看了那么多书却一点用处都没有吗？因为你看书不够专注，你应该看完一本、彻底消化了再看另一本，不能觉得不好看就不看，不然的话，你的脑子里永远都无法获取知识，最多也只能了解一些皮毛。"

看书学习就好比走路一样，如果我们想要走到更远的远方，最好的方法还是稳步前行，一步一个脚印，唯有如此，才能让我们顺利到达终点，不至于在中途停步。

可能有人会说，坚持读完一部枯燥无味的书真的很痛苦。其实，我们不妨把读书看作是在山洞寻宝，在入口处，我们往往找不到价值连城的宝物，只有耐着性子、踏踏实实地往里走，走到山洞的深处，才有可能找到真正的宝物。

读书学习也一样，我们必须明白的是，读书并不是为了追求数量，而是为了追求质量。三分钟热度的读书方法并不能提升我们的知识储备，只会耗费我们宝贵的时间。

也许我们刚开始读一本书的时候会感到枯燥无味，但这并不是我们随便翻两下就把它丢到一旁的理由，因为这样的话我们根本就没有办法真正领悟到书中的内容。如果我们想要得到真正的“宝藏”，就必须专注于手上的那一本书，直到我们看完、看透了以后再换另一本。这样我们才能够更好地吸收书中的内容，并且把它们转化成自己的知识。

所以，我们在读书的时候要切记，要专心地看，尽量避免半途而废。既然我们已经决定要阅读这本书，那就总该让它真正的价值得到体现。唯有让书中的智慧转化成自己的知识，读书才有意义。

把握课堂的“黄金45分钟”

很多同学可能都尝试过利用课堂时间去做别的事情，

希望能够从课堂上“偷”一点时间。

可事实上，

这只会让你错失更多的时间。

课堂是我们学习的主要场所，在我们成长的路上，大部分的知识都是从课堂上学来的。有同学可能会问：“那我不上学，自己在家读书学习可以吗？”

老实说，有这种想法的同学还真不少。自己在家读书学习的效率，真的会比在学校的学习效率更高吗？对于我们普通学生来说，那几乎是不可能的。

一方面，作为学生的我们正处于形成世界观、价值观与人生观的时期，如果缺少了老师的指导与讲解的话，那么我们很可能没有办法完全吸收书中的内容；另一方面，老师在讲课之前，会将书本的内容进行梳理，让知识更具有系统性，同时也更加精练。老师能以最通俗易懂的话语将知识传授给我们，这不仅能够让我们在45分钟内学到最多的知识，同时也能帮我们节省许多学习时间。

我国著名的科学家高士其，他的成就便是从课堂上开始的。高士其还在读小学的时候，便是一个特别遵守纪律、学习也特别用功的孩子。每一堂课，他都打起十二分精神去学习，生怕错过了一点点知识。

有一天上课的时候，高士其被老师所讲的内容吸引住了，可他的同桌却神游天外，甚至折起了纸青蛙玩。后来，同桌嫌一个人玩没劲，就想找高士其与他一起斗青蛙。

然而，这时候的高士其正在用心地记录着老师讲的内容，根本不理睬同桌的“邀请”。没想到，同桌看高士其不理会自己，以为是高士其没有听到，就用手轻轻去碰高士其。高士其瞄了同桌一眼，那同学扬了扬手中的纸青蛙。高士其却瞪了他一眼，又继续专心地上课。

老师早已发现那名同学没有认真听课。下课后，老师把高士其和他的同桌叫到了办公室，表扬了高士其专心听课的学习态度，同时也批评了他的同桌不认真听讲还影响别人。

由于高士其平日上课特别认真，每天还能够高质量完成课余作业，所以他的成绩总是班上最好的。1925年，高士其以优异的成绩走出了国门，到美国威斯康星大学化学系求学；后来，他又转入了芝加哥大学医学院。这些学习经历，为他的未来奠定了稳固的基础。

由此可见，对于学生来说，课堂上的每一分钟都需要好好把握，丝毫都不能浪费。可是，道理大家都知道，能做到的同学却并不多。

我们不妨回想一下自己上课时可能经历过的场景：上课铃响了，同学们纷纷坐好，等着老师来讲课。然而，老师刚开始讲课没多久，同桌的注意力就被抽屉里的课外书给吸引了，还有的同学正看着窗外的大树发呆……没多久，有人开始神游，有人开始偷吃课桌里的零食，甚至跟旁边的同学传字条、涂鸦、赶别的作业……直到下课铃声响起，我们才发现自己压根儿没有听到老师在讲什么，整整45分钟都顾着干自己的事情去了。

开小差的时候，我们自己可能会感到有趣，但未来的我们在回想往事的时候，却很可能会因此而后悔。课堂上的求学时光尤为宝贵，让自己在开小差中度过实在是很可惜。

还有些同学尝试过利用课堂时间去做别的事情，希望能够从课堂上“偷”一点时间。千万不要想着在课堂上节省时间，因为这样会让你浪费更多的时间。

要知道，如果我们错过了“黄金45分钟”的话，在课余时间我们可能要花费更多的45分钟去弥补，甚至有些课堂上的知识是无法从课外获得的，一旦错过了就再也补不回来。

因此，我们需要认认真真、专心致志地上好每一堂课，然后再利用课余时间去做自己想做的事情，这样既不影响学习成绩，还能够让自己的闲余时间得到充分利用，这种做法不是更好吗？

专心听课的小窍门

1.很多同学上课走神的主要原因，在于他们不能跟随老师的节奏进入学习状态。所以在上课前，我们不妨先预习，找出我们不懂的问题，带着问题开始课堂学习。

2.上课时要紧紧跟随着老师的思路，寻找问题的答案。如果下课时我们还是不明白的话，那就要及时地向老师提问或是在课余时间向同学请教。

3.要善于总结课堂上老师讲解的知识，通过讨论以及提问等方式，对自己在课堂上新发现的问题进行探讨。

4.在一堂课快要结束的时候最容易分神，这时候我们要打起十二分精神，因为在这个时间段，老师经常会总结这堂课的内容，并且布置课外作业。我们要善于用笔记录下老师讲的内容，一方面能够避免遗忘，另一方面也能够防止因为精神疲劳而分散注意力。

劳逸结合，会学习也要会娱乐

学习与娱乐其实互不干扰，

它们能够和谐并存。

劳逸结合，才会产生不一样的学习效果。

不知道大家身边有没有这样的同学，各种业余休闲活动一样不落，但他的成绩照样很好；明明他们也很贪玩，但是每次考试他们总能拿到好成绩。最气人的是，还有些人每次考完试都抱怨说自己考砸了，可分数出来的时候却又让人羡慕不已……

大家都羡慕这些学习又好又爱玩的同学，要做到学习和玩耍兼顾，其实并不难。如果我们了解了这些同学的学习窍门，我们也能够成为这样的人。

他们的学习窍门其实很简单，那就是劳逸结合。我们细心留意这些同学的学习习惯就能发现，这些同学虽然平时酷爱玩耍，可实际上每次上课的时候他们都会认真听讲，在做作业的时候也是全神贯注，总能按时按质按量地完成。

真正会学习的同学还有一个特点，那就是在玩耍的时候依然能学到各种课外知识，在学习的时候也能够感受到学习的乐趣。在他们眼中，娱乐与学习可以融会贯通，所以他们在学习的过程中能够做到真正的劳逸结合。

2017年的江苏理科状元潘慰慈，就是这么一位懂得劳逸结合的同学。在同学们眼中，潘慰慈不仅勤奋好学，而且还十分积极地参与各种课外活动，而且均能取得不错的成绩。

在学习中，潘慰慈懂得如何去利用碎片时间进行错题汇总、阅读提纲笔记、总结已学知识点，进一步提高自己的学习效率；在课余时间中，他喜欢参与篮球、乒乓球、长跑等运动，体育成绩也长期名列班级前茅。

潘慰慈在谈论自己的学习生涯时，笑称自己是个“杂家”，无论哪个学科的知识他都喜欢去碰一碰，并且愿意尝试着从中找到乐趣。从小广泛涉猎各种书籍的他喜欢通过读书去接触各类型的知识，不管是历史、文学、科学还是经济、政治方面的知识，他都略有了解。

除此之外，潘慰慈还利用课余时间自学了钢琴、竹笛、吉他等乐器，在假期四处旅行。在不了解潘慰慈的人看来，喜欢玩乐的他看上去就像是一名不务正业的“学渣”；但是当他亮出成绩单的时候，却是一名实实在在的“学霸”。

之所以能取得这么优异的成绩，主要还得归功于潘慰慈劳逸结合的学习理念。在他看来，学习并不需要占据一整天的时间，只要科学地制订学习计划，确保做到今日事今日毕，每周总结学习成果，便能够很轻松地取得优异的学习成绩。这种“日清周结”的学习方式，也让潘慰慈在生活中有更多的时间去娱乐，而不是一味埋首学习，成为大家眼中的“书呆子”。

从潘慰慈的成长之路可以看出，学习与娱乐并不是对立的，它们可以出现在一天中的不同时段，相辅相成。合理安排好学习和娱乐时间，往往能产生更好的学习效果。

只是，很多同学在现阶段没有足够的自控能力，暂时还没有办法达到“边学边玩”的境界。一个六年级的学生的日记中，就记录了这么一件事情：

“本来我跟爸妈约好，周六把周末的学习任务完成，然后周日叫上表弟表妹一起到动物园玩。可是整个周六，我的脑子里都在想着第二天去玩的事情。花了一整天，我都没完成作业。本来以为爸爸知道后会批评我，可是他却没有直接批评，而是跟我的表弟表妹说，明天不去动物园了，因为我的作业没有完成。听爸爸这么说，我顿时后悔莫及，可现在已经到晚上了，不管我怎么努力，也赶不上我预计的学习进度了。”

本来周六学习、周日娱乐是一个很好的周末安排，可就是因为没有专注地完成作业，导致了这名同学周日的动物园之旅被爸爸取消，听起来实在是很遗憾。实际上，真正让动物园游玩计划取消的人并不是爸爸，而是这名同学自己。

试想一下，如果这名同学在周六早早完成了作业，那么他不就可以度过一个完美的周日了吗？所以，如果我们想要做到劳逸结合，最好的方法还是将学习和娱乐分开，学的时候好好学，玩的时候好好玩。

学习跟娱乐是相辅相成的，当我们被学习的压力困扰时，适当的娱乐可以让我们放松心情，以更好的状态去面对挑战；当我们尽兴地玩了以后，我们才会有更充足的精力，去解决学习上的问题。

总而言之，只有专注地把学习任务完成了，我们才能够拥有更多的时间去娱乐；只有学会了好好放松，我们的精力才能更加充沛，才能够更好地处理我们的学习任务。

培养自控能力，养成自律的好品质

自律，是带着我们在成长路上前行的引擎，
它让我们在成长的路上一路飞奔，
永不停息。

我不止一次听到有同学这么说："我天生就没有专注力，做事总是会走神，爸爸妈妈也尝试过很多办法，可就是没办法改掉我三心二意的坏毛病。"

其实，大家有这样的困扰完全可以理解，毕竟还是孩子，注意力不够集中是一件情有可原的事情。一个人的大脑要到20岁的时候才会完全发育成熟，正处于发育期的我们难以集中精力，也是再正常不过了。

但是，因为年龄小而难以集中精力，不是我们不好好学习的借口。其实，在学习中我们不管是遇到了无法集中精力还是其他问题，很多都能够依靠我们的自控能力去解决。后天培养的自控力，在一定程度上决定了我们的学习效率。最重要的是，如果我们不趁着现在注意培养自己的自控能力，那么等到成年以后，我们的自律性依然会比别人差。

那么，什么是自控力呢？自控力，指的是对自己的周围事件、对自己生活和事业的控制感，它是能否支配自我的一种能力。当我们看书觉得枯燥无比，想到外面走走的时候，我们不妨尝试着利用自己的自控力，强迫自己先把书读完；当我们做作业的时候，刚好有同学邀约一同踢球，也可以利用自控力去拒绝同学的请求。

柳传志是联想电脑的创始人，他有着极高的自控力与自律性，这个良好的品质，主要表现在他的时间观念上。20多年来，在无数次的大小会议中，他很少出现迟到的现象。

有一次，柳传志前往中国人民大学演讲，恰好那天他的工作量较多，按常理他可以让学校推迟演讲时间。但为了不让学生扫兴，他特地提前起床工作，把工作安排得井井有条后，再乘车前往学校演讲。最后，他提前了10分钟到达演讲会场，赢得了老师和学生们的尊重。

2007年，柳传志受到温州商界的邀请，前往温州参加一次交流会。非常不凑巧，温州当时恰好遇到大暴雨，柳传志搭乘的飞机被迫降落在上海。柳传志身边的工作人员建议他次日再搭乘首班机飞往温州，但柳传志拒绝了。后来，柳传志让工作人员租来了一辆车连夜赶路，终于在第二天清晨准时到达温州，让所有参会的温州商客感动不已。

柳传志的口碑，建立在他的自律上。无论是什么事，他始终秉持着“说到做到”的信念，只要答应了，他就一定会想方设法地做到。这也是他能够获得成功的主要原因。

作为学生的我们，也应该学习柳传志这种自律的精神。当我们设定好一个完整的读书计划后，无论遇到了什么困难，我们都必须尝试着去克服，用自控力强制自己完成最初制定的目标，提高自己的自律性。如果在学习中我们能够拥有这样的自控力，这对于我们的学习一定是大有帮助的。

很多同学在学习上需要依赖老师与家长的督促，一旦失去了督促后就变得懒散，而自律的同学往往不需要任何人的督促，就会主动地去完成自己需要做的事，成为学习的主人。由此看来，缺乏自控力是非常糟糕的，如果我们连自己的举动与情绪都无法控制好，又怎么能够在同龄人的竞争中脱颖而出呢?

自律是带着我们在成长的道路上前行的引擎，它让我们在成长的路上一路飞奔，永不停息。从今天起，我们不妨开始注意培养我们的自控力，在面对各种诱惑的时候，尝试着专注于我们手头正在做的事情，向诱惑说“不”。

培养自控力的小技巧

1.让生活变得更有规律

在本书前面的内容里，我们也讲过习惯的重要性，规律的生活便是通过习惯的力量，形成超强的自控能力。

可能有人认为，学习上的自控力与生活中的自控力是不相同的。实际上，如果我们的生活变得井井有条，拥有良好的生活状态，那么我们学习的效率也会更高。

所以，我们在每天清晨不妨花15分钟时间，想好自己今天要做什么，并把一整天的事项列在笔记本上，这样会让我们做起事来更加有条不紊，让我们能够更加认真地对待每一件事情。

2.做事前先排除外界干扰

不知道大家有没有想过，我们无法培养自控能力，主要原因在于生活中有着太多的诱惑。尤其是在我们学习的时候，我们总会产生很多跟学习无关的、有趣的、刺激的、新奇的想法，这些想法往往就是把我们的注意力拉走的“元凶”。

所以，在学习的时候，我们不妨让自己处在一个安静的环境里，告诉自己要心无旁骛地学习，将所有可能吸引我们注意力的元素都排除开去，这样才能够帮助我们把注意力放在眼前要做的事情上。

3.严格执行计划

还记得清晨我们做的事项计划吗？有了当天的计划，我们做事就会变得更加有条理。如果一整天的待办事项都安排得十分妥当，我们就能够依照计划内容去督促自己，防止偷懒。

一旦计划确定以后，我们就必须有条不紊地完成。在制订的过程中我们可以跟爸爸妈妈一起商量，使这个计划更加适合自己。

4.切忌一心多用

很多人认为，在同一时间里做不同的事情是高效的体现。实际上，这种一心多用的做法并不能提高我们做事的质量和效率，甚至很可能会让我们把所有事情都弄砸。

所以，我们在做事情的时候切忌一心多用，一定要做完一件事情再做另一件事情，虽然看上去很低效，实际上却能让我们把每一件事都有条不紊地做好。

第十章

你有多认真，就有多优秀

有了好的学习态度，才能拥有好成绩

正确认识“学习”这件事

对学习保有渴望和好奇心

从“要我学”到“我要学”

将学习变成一种享受，乐在其中

有了好的学习态度，才能拥有好成绩

在漫无边际的大海中行驶的轮船，

如果没有方向，

风往哪儿吹，就往哪儿走，

这样的轮船永远只会在原地打转。

学习也一样，如果没有目标，

那么永远也到不了梦想的彼岸。

有同学抱怨说，现在学习大家都只看成绩，我们考砸了之后，家长的第一反应就是我们没有好好学习，不分青红皂白、不帮我们分析原因，就只会严加批评。

如今教育界的很多知名人士都推崇“求学不是求分数”的理念，然而不可否认的是，成绩是衡量一个学生的最基本指标。它虽然不能完全地体现出学生在课堂上的表现，但是也能直观地表现出他们对课堂知识的吸收程度以及学习态度。

可以说，学习成绩的好坏，是反映学习态度好坏的一个重要指标。学习态度对学习成绩的影响，甚至超过了天赋的影响。

北宋时期，有一位状元的故事流传至今。出生于五代十国时期的梁灏，从小就立志刻苦学习，可惜天资不如人的他在科举中却屡战屡败。

幸运的是，梁灏的骨子里有一股不服输的学习态度，每次考试落第的时候，他总会自嘲解忧："考一次，我就离状元又近了一步。"幸得皇天不负有心人，梁灏最终在北宋宋太宗时期考上了状元。

不熟悉历史的同学可能不知道，宋朝与五代十国后期相隔了数十年，梁灏在经历了后汉和后周两个朝代后，才在宋朝考上了状元。其间，他一共参加了47次科举考试，前后参加会试40场。当他顶着满头白发出现在大殿上时，宋太宗惊讶无比，问他的年龄。梁灏回答说："皓首穷经，少伏生八岁；青云得路，多太公二年。"也就是说，这位从30多岁就开始考科举的梁灏，已经82岁了。在40多年的考试岁月中，他屡败屡战。这短短的两句话，让在场的文武大臣均感动得热泪盈眶。

如果换作其他同学，也许我们连续落第两次之后就会自暴自弃，甚至永远不再参加考试了。梁灏的成绩，是他穷尽一生去拼搏而得来的，他比别人优秀的，并不是他的天赋与才华，而是不达目标誓不休的学习态度。

我们在学习中，是否也具备这个良好的学习态度呢？面对学习中的难题时，我们是否可以迎难而上，想方设法地从别的同学或者家长那里找到答案呢？在课堂学习中，我们会不会主动学习，然后让家长和老师都很满意呢？

事实上，我们的学习成绩难以提高，问题很多时候就出在我们的学习态度上。不知道大家身边有没有这样的同学，他们认真好学，也许很多时候他们的成绩并不是那么出类拔萃，但是他们却深得老师的喜爱，最重要的原因就在于他们拥有着良好的学习态度。哪怕他们的成绩不尽如人意，但是良好的学习态度却能让家长和老师都很放心。

而有的同学呢？他们的成绩不够优异，学习态度也让人担忧。不光需要他人督促才肯学习，而且也缺乏学习的热情。缺乏良好学习态度的学生，最让家长和老师担忧。他们就像一艘没有方向的轮船一样，风往哪儿吹，他们就往哪儿走。没有学习目标和良好的学习态度，又怎么能够到达梦想的彼岸呢？

试想一下，如果我们在学校里认真对待每一堂课，在学习中刻苦地钻研每一个难题，在家里无须监督也能尽心尽力地把学习计划进行到极致，那么即使我们的学习成绩依然存在上升的空间，这种学习态度也一定会让我们取得进步，不会让家长与老师担心。

所以，当我们在学习中遇到瓶颈的时候，不妨先去学习如何端正自己的学习态度，知道自己应该以怎样的姿态前行。唯有端正了学习态度，我们才会真正把学习当成是自己分内的事情，从而愿意花费更多的精力去攻克学习过程中遇到的每一个难题。

正确认识“学习”这件事

如何正确对待学习？

谁也没有办法一句话说清。

但是真正聪明的同学，

他们懂得如何把学习的压力与难题，

转化成学习的动力。

在学习的过程中，这种情况并不罕见：因为不喜欢某科的科代表，在交作业的时候能拖便拖，好让科代表为难；因为讨厌某个老师，所以在上课的时候故意使坏，让老师难堪……

在漫长的学习生涯中，我们难免会跟身边的同学、老师发生一些冲突，这种情况很难避免。可是，当这种抵触感出现的时候，我们真的应该把不顾自己的学业，当成是“报复”对方的手段吗？

有个上三年级的男生，因为好几次在课堂上开小差被语文老师批评，他便暗地里跟语文老师赌起气来：每当语文老师上课的时候，他总是故意低着头捣鼓课桌下的小玩意儿，老师好几次当堂提醒，他却依然我行我素。

后来，老师为了不影响其他同学听课，干脆任由他上课开小差，不再理会这名男生。后来，这名男生的语文成绩一落千丈，偏科严重的他成了班级的后进生。直到这时，他才对自己赌气的行为感到后悔不已，父母也很严厉地批评了他。

看完这个故事，大家有没有觉得这名男生的做法很愚蠢？学习是我们自己的事情，与其他人并不相干，而这个男生却选择了以不认真听讲的方式，去影响老师的工作。

牺牲自己的学业去影响别人，最吃亏的其实是自己。身为学生，我们的首要任务是学习，不应该因为一些小事而把学习当成儿戏。要知道，我们现在努力学习，是为了自己日后得到更好的成长，以实现自己的价值。如果我们为了一些小事，以荒废学业的代价跟别人赌气，这种行为对自己太不负责任了。

所以，在学习的过程中我们需要不断地调整自己的心态，无论在什么情况下，都应该认真对待学习，重视每一门科目。消极学习的态度不仅不能够为我们解决问题，还会让我们错过很多成长的机会。

我身边有一名女插班生，刚刚插班的时候，她没能够赶上班级的学习进度，所以入学后成绩就一落千丈，成为班级倒数。

这名同学没少对自己生气，但她也没有因此而自暴自弃。为了激励自己追赶上班级的学习进度，她给自己制订了一个看似“疯狂”的计划：如果下次考试没考进班级前十名，就把头发剪去一点。

每当考试成绩不如意的时候，她真的狠下心来将自己的头发剪去一点。一个学期过去了，她的成绩越来越好，已经稳稳地排到了班级的前10名，而这时候的她，也成了班级里的“假小子”。

同样是在学习过程中遇到了挫折，这名女插班生却能够以正确的态度对待学习，甚至更加努力。很多时候，我们就是缺乏了迎难而上的学习态度。不管发生什么事情，都一定要将学习放在最重要的位置，将生活的重心完全放在学习上。

有一句老话说得不错：“生气不如争气，翻脸不如翻身。”我们都知道，在学习的路上，出现交际难题与学习压力都是不可避免的。但是，在面对这些的时候，我们千万不能通过自暴自弃的方式，去发泄内心的负面情绪，这样只会让我们在学习的路上一蹶不振。

怎样才算是正确地对待学习，谁也没有办法一句话说清。真正聪明的同学，他们懂得把学习中遇到的压力与难题，转化成学习的动力。遇到困难时，我们一定不能气馁，更不能放弃，而是应该不断地提高个人能力，努力攻克眼前的困难，让优异的成绩成为我们实力的证明。

对学习保有渴望和好奇心

别人告诉你的风景，不管听起来有多美，

都不如亲眼看到的壮丽；

书上得来的知识，

也远不如自己主动发现的有趣。

关于好奇心，爱因斯坦说过这么一句话：“谁要是不再有好奇心，也不再有惊讶的感觉，谁就无异于行尸走肉，其眼睛是迷糊不清的。”好奇心是我们对学习保持兴趣的重要来源，一旦失去了好奇心，我们学习的效果一定也会大大地减弱。

有人说，孩子的眼睛最清澈，因为对身边的所有事情都感到好奇。我们这个年龄段的学生，正处于好奇心最旺盛的时候，尤其是当我们通过学习，对身边的事物有了一定的认识之后，好奇心还会不断地驱使着我们去更大的世界探险。印度的著名物理学家拉曼，就是因为对光的好奇，最终研究出了著名的光散射理论。

1921年，拉曼在一次途经地中海的航行中，偶然听到了一个孩子的话，这个孩子的话，促使他开始了全新的研究。

那一天，拉曼为了欣赏阳光与海岸之美，来到了甲板上。站在他旁边的，是一个八九岁的男孩，他看着眼前的一片蔚蓝，问身边的母亲：“妈妈，这个大海叫什么名字？”

“地中海。”

“它为什么叫地中海呢？”

“因为它夹在两块大陆之间。”

孩子与母亲的对话引起了拉曼的兴趣，他挪了挪脚步，让自己更加靠近这母子俩。

“妈妈，你说地中海为什么是蓝色的？所有的海都是蓝色的吗？”

孩子的话让母亲一时语塞，谁也没有想过为什么大海是蓝色的这个问题。看着孩子失望的眼神，拉曼走到孩子面前，亲切地牵着孩子的手，犹豫了片刻说：“小朋友，海水之所以呈现蓝色，是因为它反射了天空的蓝色。”

看到孩子恍然大悟的神情，拉曼心满意足地离开了。可是拉曼在告别了那对母子以后，仍然不断地在脑子里重复着孩子的话，他觉得自己刚刚的回答并不够严谨。回到家以后，拉曼便开始沉浸于对这个问题的研究中。

最终，拉曼在原有的理论基础上，提出了有名的光散射理论，为20世纪物理学做出了不可磨灭的贡献，并且因此获得诺贝尔奖。

如果说拉曼的成功是始于他的好奇，那么对答案的渴求便是他成功的主要原因。好奇心就像是一个路标，对知识的渴望则是我们迈步前行的动力。

生活中，我们也经常被某些自然现象诱发出好奇心。当我们看到火烧云的时候，我们是不是也会奇怪，为什么这时候的天空是红色的，而白天的天空是蓝色的呢？只是，如果只是单纯好奇的话，我们永远都没有办法知道事情的答案，在保持好奇心的同时我们还需要行动起来，努力寻找问题的答案。

格林诺克的小镇上，有一名叫作瓦特的孩子，他天资聪颖，对身边的事物总是充满好奇。有一天，瓦特在厨房里看到祖母在做饭，他的注意力被灶上的一壶开水给吸引住了，本来静止的水壶盖突然间啪啪作响。

瓦特观察了好半天，实在是不知道为何会出现如此“怪象”，于是他问祖母：“为什么壶盖会一直跳动呢？”

祖母头也不回地告诉瓦特说：“水开了，就是这样。”

但瓦特明显不满足于祖母的回答，他又问：“为什么水开了，壶盖就会跳动呢？难道水里面有什么在推动壶盖吗？”

祖母不耐烦地回答：“你一小孩刨根问底地问这个有什么意思？别影响我干活儿。”

瓦特看祖母生气了，连忙离开厨房。这时候的他不仅没有感到不开心，反而对这个现象更加好奇了。

接下来的好几天，瓦特总是蹲在火炉旁，观察水壶盖：一开始，壶盖平稳地套在水壶上，过了一会儿，水开以后，壶嘴便会喷出丝丝白气，随后壶盖就开始跳动了。瓦特心想：难道推动壶盖的，就是水里面的这些白气？

想到这里，瓦特兴奋地跳了起来，他把壶盖揭开，看到滚烫的水蒸气喷涌而出，便在心里证实了自己的想法。

长大之后的瓦特，利用小时候的这个发现，对当时的蒸汽机做出改良，开辟了人类工业革命的新时代，自此人类进入“蒸汽时代”。为了纪念瓦特，人们把功率的单位定为“瓦特”。

从瓦特的故事我们可以看出，对待某些新奇的事物不能够只是觉得好奇，还应该去尝试着了解事物的本质。如果我们在生活中遇到了一些自己无法解释的问题，不妨尝试一下带着问题去请教老师或从书本中找答案，这样我们不仅能够学到更多的知识，还能够在寻找答案的过程中获得更多的成就感。

从“要我学”到“我要学”

为了完成任务而学习的同学不在少数，
如果一直这样的话，
那么就永远只能被动甚至是被迫地学习。

很多同学都以为，学习是一件被动去做的事情。在学校有老师督促我们学习，在家里有家长监督我们完成功课，而我们只需要在他们的督促下去做就好了。

事实上，这种学习方式并不是我们所推崇的。不妨仔细想想，我们学到的知识都是属于自己的，因此学习也应该是我们自己的事情，不应该由他人操心。

更何况，每天听着老师和家长无数句的唠叨与批评，时间长了也会感到厌烦。所以，对待学习我们应该尝试着自己主动去吸收知识，而不是在别人的督促下缓缓前行。

有的同学会说，我们也尝试过自己主动学习，可是我们怎么做都没有办法达到家长和老师的要求，有时候自己认为已经做好的事情他们总能挑出毛病，又会对我们不放心，再次加以督促。

如果真的是这样的话，那么很可能是因为用心的程度还不够。实际上，很多同学都是为了完成任务而学习，这种学习态度很不可取。不管我们付出了多少时间与精力，如果只是秉承着“要我学”的学习态度，那么我们只会一直被动地学习；但是如果我们改变了自己的学习态度，从“要我学”变成“我要学”，那么学习就会变得简单起来。

东晋时期，有一个孩子名叫车胤，家里没钱供他读书，他只能一边帮家里捡柴，一边看一些别人不要的书。可是，每天捡柴已经耗费了他许多的时间，他读书的时间非常有限。

渴望读书的他，不得不在晚上抽出睡觉的时间阅读，但是他的家里实在是太穷了，根本买不起煤油灯，天一黑他根本就没有办法阅读。后来，他想了一个办法：每天去抓数十只萤火虫，用纱布将它们包起来，利用这微弱的光照亮书本上的内容。

车胤就是在如此恶劣的环境中不断学习，长大以后终于成为一名朝廷大臣，为国家效力。

车胤好学的精神，促使他想方设法地创造条件去学习，最终也因此而受益。这就是“我要学”的力量之所在。车胤的学习精神，值得我们学习。

把“要我学”的学习观念转变成“我要学”以后，相信不管遇到什么困难我们都会迎难而上，打败那讨厌的懈怠之心更是不在话下。

养成“我要学”心态的小技巧

1.明白学习需要他人督促的原因

相信每一个同学在一开始，都会对学习有一定的热情，或者说我们在学习某个知识之前，或多或少都会受到好奇心的驱使。但是渐渐地，我们难免会在后来学习的过程中变得懒散起来，父母与老师的督促成了推动我们学习的主要动力。

是我们在学习上遇到了自己无法解决的难题，还是我们在学习上没有用对方法？不管是怎样的原因，我们都必须先从原因找起，明白自己变得懒散、被动的原因，找到解决方法。

2.幻想日后学有所成的美好情景

不想去主动学习，其中有一个重要原因是我们无法想象学习给我们带来的改变。所以，当我们不想学的时候不妨想一想：学习能够把我们变成什么样？学到了这些知识以后我们又会成为怎样的人？

可以幻想以后站在梦想的舞台上实现了自己梦想时的情景，这些情景也会成为自己学习的动力，让自己在懈怠的时候受到激励。

3.为学习多制造一点悬念

有时候，我们不愿主动学习的原因是，随着年龄的增长，好奇心渐渐地减弱了。如果我们在学习中能经常多问一句“为什么”，并且主动寻找答案的话，那么我们就很容易进入到“我要学”的状态之中。

所以，学习除了要树立远大的志向之外，还需要多动脑子、善于观察、主动学习，这样才能收到更好的学习效果。

将学习变成一种享受，乐在其中

既然学习是我们必须做的事情，

为什么总是把眼光放在学习的辛苦上呢？

在学习的道路上，

与其畏首畏尾，总想着逃避，

还不如昂首挺胸地去享受。

学习究竟是苦是乐？不同的同学有不同的答案。我想起了一个故事——桌面上摆放着半杯水，有的人看到以后会说："真好，还有半杯水。"而有的人看到则会说："天哪，只剩半杯水了。"

学习也是一样的道理，有的同学在上学的时候会想：真棒，很快又可以学习到新的知识了；而有的人则会一脸沮丧地想：我的天哪，怎么又要上学了。不同的想法决定了他们不同的学习态度，所以在一个班级里，我们总会看到一些勤奋好学的学生，也会看到一些懒惰任性的同学。

既然学习是我们必须做的事情，为什么我们要把眼光放在学习的辛苦上呢？尽管我们都很清楚地知道苦尽甘来的道理，但如果我们怕苦怕累、带着抗拒的心态去对待学习，那么我们又怎么能够在学习的过程中感受到乐趣、获得最后的成功呢？

我们不妨先看看居里夫人的故事。居里夫人出生在战乱的波兰，作为女性的她在当时深受社会的歧视，而且彼时波兰处在被俄国占领的局势下，她被迫学习俄语。

恶劣的环境并没有让她感到痛苦，反而促使她更加努力地学习不同的知识。一方面，她在家中跟长辈学习波兰语，希望能够将家乡的语言传承下去；另一方面，她还在努力学习俄语，甚至对其他国家的语言也稍有涉猎。勤奋好学的居里夫人年纪轻轻就掌握了法语、德语、波兰语、英语以及俄语，并且能够阅读这些语言的外文文献。

后来，居里夫人决心投身科学，她想到法国巴黎去学习更专业的知识。奈何当时居里夫人家里十分贫困，她的姐姐已经早一步前往巴黎留学，她只有等姐姐毕业后才可以到法国进修。

然而，居里夫人并没有因此而感到沮丧，她开始利用这段时间去提升自我，努力工作挣钱，为自己以后留学奠定稳固的经济基础。

到了巴黎以后，居里夫人的生活过得并不太好。祖国常年的战乱，使得她的经济水平与生活水平均远远不如其他同学。但她并没有因此自暴自弃，反而乐在其中。住在小小阁楼里的她每天孤身一人，以学习为乐，她会因为在学习上取得了突破而高兴，因为实验的失败而沮丧，但从来不会因为任何事情而失去了学习的热情。

可以说，居里夫人在求学的道路上，遇到了比我们困难无数倍的难题，可是她并没有因此而自怨自艾，而是选择将全部精力都放在学习上，并且将学习当成了自己生活中的一种享受。

我想，如果居里夫人对学习没有产生出享受的乐趣，也许她很难会为了学习而付出那么多的努力。很多同学都很羡慕居里夫人所取得的成就，其实，只要我们肯用心投身于学习当中，享受学习的过程，也一定会取得不错的成绩。

在学习的过程中，我们首先要把内心对学习的抗拒摒弃。如果我们总是想着“又上课了”“天哪，又要做作业了”的话，那么我们根本就没有办法找到学习的乐趣，更不用说享受学习的过程了。

同时，我们还必须明白，任何事情都具有两面性，如果我们只顾着玩乐的话，虽然在玩乐的过程中我们确实会感到很开心，但早晚我们会因为自己虚度了时光而感到后悔。

努力吸取知识的过程是辛苦的，然而苦尽甘来的那一刻却是非常美好的。不要太在意学习中的辛苦，每一滴在学习中流下的汗水，都会浇灌出一个个甜美的果实。

很多同学都经历过不想上学、不想做作业的阶段，然而抗拒的心理并不会让我们得偿所愿，反而会进一步降低我们的学习效率，消磨我们的学习热情。所以，在学习的过程中，与其畏首畏尾地逃避、自怨自艾地抗拒，还不如昂首挺胸地去感受学习的乐趣。

第十一章

把时间花在一切有意义的事情上

惜时如金，利用一切可以利用的时间

做跟时间赛跑的人

此刻，就是你大脑的黄金时刻

警惕“碎片化”娱乐

把时间花在能让你成长的事物上

惜时如金，利用一切可以利用的时间

放弃时间的人，

时间也会放弃他。

不要等我们长大以后，

才开始后悔那些错过的时光。

“抓紧时间学习，不然长大以后你会后悔的！”

相信很多同学都从家长的嘴里听过这句话，可是大多数时候我们总对此不以为然。毕竟在我们这个年龄段，时间是我们生活中最不缺少的一项。不是吗？没完成的作业我们可以留给晚上，没学到的知识明天还有新的机会……

只是，明日复明日，明日何其多？那些由于懒惰而错过的时间，最后还是会成为我们日后成长的羁绊。

在国外有这么一个关于珍惜时间的故事：意大利有一家面巾纸厂面临着破产，在纸厂面前就只剩下两条路：要么关闭工厂，申请破产；要么完成最后一笔大订单，挣取丰厚的利润让工厂复活。

而为了让工厂复活，厂长决定马上将10吨面巾纸送到客户那里，可是让人失望的是，对方客户等了好几天，却依然没有看到货物送到。于是乎客户一气之下取消了订单。更让人感到可惜的是，在客户取消了订单没多久，面巾纸便送过来了。

原来，厂长手下的员工由于长时间没有收到工资，因而他们总有点消极怠工，并且在发货的时候错过了第一班轮船的开船时间。正是这种消极怠工的坏情绪，让一家面巾纸厂轰然倒闭。

在学习过程中，我们也遇到过面巾纸厂这样的情况，明明15分钟能够完成的作业，结果我们一拖再拖，直到几个小时后才慢吞吞地完成；明明这个学期的目标是全班前十名，结果我们总以为还有很多时间，直到考试之前方才临时抱佛脚，最终只能眼睁睁地看着别人考得好成绩。

孔子说过：“逝者如斯夫，不舍昼夜。”说的是时间像流水一样不分昼夜地流去，一去不复返。如果我们不趁着年少努力学习，积极吸收各种各样的知识，那么到最后我们只能够像故事里的面巾纸厂那样被社会淘汰。

在神秘的大自然里，有一个“3秒”规律。

什么是“3秒规律”呢？就是如果一只羚羊奔跑的速度比其他羚羊慢了3秒，那么它很快就会成为野兽的晚餐；同样道理，如果一只猎豹的奔跑速度比其他猎豹慢了3秒，那么等待它的命运只能是饿死。

为了避免这种情况发生，我们一定要珍惜现在这段无忧无虑的学习时光，争取当一只高速奔跑的猎豹，在成长的路上飞速狂奔。正如作家塞林格所说：“你一定得认识到自己想往哪个方向发展，然后一定要对准那个方向出发，要马上。你再也浪费不起多一秒的时间了，你浪费不起。”

有的同学在做事的时候，总会把完成时间无限期地延后，他们做起事来磨磨蹭蹭，认为只要完成了任务就好。他们不知道的是，当他们磨蹭的时候，有人已经在同样的时间内完成了更多。

著名戏剧家莎士比亚有一句名言：放弃时间的人，时间也会放弃他。不要等我们长大了以后才发现，原来那些流逝了的时间再也回不来了，那些错过的机会也不会再有。从今天起，我们不妨尝试着在有限的时间内完成更多的事情，充分利用好生活中的每分每秒。

做跟时间赛跑的人

要争取当一名时间的追赶者，
在有限的青春岁月里追求无限的知识。
少年时期如果不曾有过与时间赛跑的经历，
你的未来也许会变得黯然失色。

还在求学的时候，我们总会觉得时间很漫长；等我们长大了走上了社会，却又觉得求学的时光过得实在太快，后悔当初没有好好学习。

汉乐府《长歌行》中有这样的诗句："少壮不努力，老大徒伤悲。"很多人在进入壮年的时候，总是很后悔少年时没有好好读书，并为此追悔不已。就像高尔基说的那样："孩子们无忧无虑的笑声，犹如一股潺潺流动的泉水，把那些陶醉于生活魅力的动人的欢笑送上了生活的祭坛。青春是人生幸福而美好的象征，又是纯真与快乐学习的代表。"

少年的时光是人生中最宝贵的财富，如果不好好珍惜的话，以后一定会非常后悔。趁着年少，我们不妨尝试着珍惜生活中的每一分每一秒，努力读书，认真学习，不负这段青春年少的宝贵光阴。

作家林清玄在文章《与时间赛跑》中记录了这么一件事。小时候的林清玄早早便知道了时间的重要性，他从小便喜欢与时间赛跑。那时候的他喜欢在夕阳下奔跑，赶在太阳落山之前回到家。每当他回到家中，看到太阳还露着半张脸时，他便高兴地跳着，嚷着……

林清玄不仅在生活中喜欢追赶时间，在学习上也是如此，他总是提前预习学校的功课。上三年级的时候，林清玄就已经能够完成哥哥五年级的作业。他在学习的赛场上，跑赢了时间。

在文章的最后，林清玄写道："每一次比赛胜过时间，我就快乐得不知道怎么形容。在往后20年里，我因此受益无穷。虽然我知道人永远跑不过时间，但是可以比原来跑快一些，如果加把劲，有时还可以快好几步。那几步虽然很小很小，用途却很大很大。"

可是，很多同学对时间都没有一个明确的概念，他们只知道今天过后就是明天，从未想过今天未完成的计划到明天就会失去了它的意义。

时间是摸不着、看不见的，它不会因为我们的懒惰而停止，也不会因为我们的勤奋而加快流逝，它是世界上最公正且最无情的裁判者：如果不曾珍惜时间，那么日后我们将难逃平庸的结局；如果明白了一寸光阴一寸金的道理，努力学习，珍惜时间，那么时间也会在未来给我们一个想要的答案。

古往今来，无数名人将相都十分珍惜时间。著名生物学家巴甫洛夫说过："在世界上我们只活一次，所以应该爱惜光阴。必须过真实的生活，过有价值的生活。"颜真卿在《劝学》里写道："三更灯火五更鸡，正是男儿读书时。黑发不知勤学早，白首方悔读书迟。"我们伟大的主席毛泽东同志也说过："一万年太久，只争朝夕。"可见，我们如果想要在身边人中脱颖而出，就一定要珍惜时间。

有同学说，学习实在是一件"耗费时间"的事情，作为学生，我们需要学习的内容实在是太多，尤其是看书或者做题时，有时候一眨眼时间就过了。

是的，对于认真学习的人而言，时间永远都是不够用的，正是因为这样，我们才要不断地追赶时间：我们不仅要制订正确的学习计划，让每一分每一秒都不要白白流逝，还要着手提高个人的学习效率，让自己在更短时间内学到更多的东西。

也许，时间是残酷的，一旦失去就无法挽回；但青春是美好的，因为在这大好的青春年华里，我们可以进行一场与时间赛跑的比赛。只要我们坚持不懈地与时间赛跑，相信我们的青春一定不会虚度。

我们要争取当一名时间的追赶者，在有限的青春岁月里追求无限的知识。少年时期如果不曾有过与时间赛跑的经历，未来也许会变得黯然失色。

此刻，就是你大脑的黄金时刻

在不同的年龄段，
要做这个年龄段应该做的事情。
如果在年轻的时候不好好学习，
那么以后必然要花更多的时间去弥补。

曾经有网友向我倾诉，由于英语口语不过关，她错过了升职的机会。虽然在此之前她报了好几个培训班，提升口语技能，可是无论她怎么努力，都没有办法达到公司的要求。

最后，这位朋友跟我说："早知道是这样，读书的时候就应该好好努力，现在也就不至于这么郁闷了。"

其实，很多人都面临着这样的问题：随着年龄的增长，他们的记忆力、理解能力、学习能力都慢慢下降了，当他们想要重拾过去那些错过了的知识，重新开始学习的时候，却发现自己开始有点力不从心了。

只是，很多同学在年少时，并不懂得好好珍惜无忧无虑的学习时光，他们总是习惯把问题留给将来解决，而不知道现在正是学习知识、解决问题的最佳时机。

《伤仲永》的故事大家都很熟悉，说是在金溪有一个叫方仲永的孩子，他天生聪颖，从小就能写得一手好诗。这个天赋异禀的孩子，成了全村的骄傲。

方仲永年少成名以后，前来找他写诗的人络绎不绝，他终日忙于应酬而失去了继续学习、不断精进的机会。虽然，年仅五六岁的他就展现出了过人的天赋，他的父亲每天带着他给同县富豪写诗也挣了不少钱，但实际上，随着年龄的增长，方仲永的创作能力却在日渐减弱。

由于缺乏科学系统的学习，到了10多岁的时候，方仲永的才华已经难以跟此前的名声相比，而到了20多岁的时候，他已经成了一名普通人，再也写不出好的诗句。

故事里的方仲永由于整个童年都在应酬、赚钱，从而失去了学习的最好时光。当他到了青壮年的时候，已经泯然众人，小时候那过人的天赋早就白白浪费掉了。

著名主持人蔡康永也说："15岁觉得游泳难，放弃游泳，到18岁遇到一个你喜欢的人约你去游泳，你只好说：'我不会耶。'18岁觉得英文难，放弃英文，28岁出现一个很棒但要会英文的工作，你只好说：'我不会耶。'人生前期越嫌麻烦，越懒得学，后来就越可能错过让你动心的人和事，错过新风景。"读书也一样，趁着我们的脑袋还很灵活，精力还很充沛，对万事万物还保持着好奇心，务必好好学习各种知识，千万不能因为困难而放弃。一定要抓住一切机会，珍惜时间，提升自我。

更重要的是，当我们步入社会，想要回过头好好学习时，我们会发现，那些曾经我们认为很简单的知识，再学起来会变得很困难，曾经能够轻松学到的知识，往往会变成我们眼前的老大难。

20世纪末，美国波士顿大学的脑科学院有这么一个实验：他们请来500个实验研究对象，按年龄段的划分方式将他们分成幼年阶段（0～4岁）、青年阶段（5～18岁）、成年阶段（19～25岁）、壮年阶段（26～40岁）、老年阶段（41岁以上），并分别对他们的脑细胞活跃度进行检测。

实验结果表明，幼年阶段的孩子拥有着相对活跃的脑细胞，他们能够吸收生活中的各种新奇事物，并且能够比成年人更好地学习不同的语言；成年阶段后，脑细胞的活跃度会渐渐趋向平缓，随着年龄的增长，我们的学习能力、接受新事物的能力也会日渐降低。

我们的一生中，脑细胞最活跃的时期是青年阶段，也就是说，在学校求学的这段时间里，我们的学习能力是一生中最旺盛的。

可能有同学会怀疑，明明是壮年阶段的人在社会上取得了更高的成就，他们的脑细胞难道不比青年阶段要活跃吗？为了探讨这个问题，英国广播公司特意对一些在社会上拥有杰出成就的人进行了采访。其中，56%的人认为，自己之所以能够取得如今的成就，青年时期的积累有着决定性的作用；38%的人认为，能够有如今的成就更多依靠的是经验与人际关系。

所以，正值大脑黄金期的我们，一定不能浪费生命中仅此一次的最佳学习时机。应该利用这段黄金时期尽量去吸取更多的知识，为以后的人生发展奠定稳固的基础。

警惕“碎片化”娱乐

如果你把时间都交给阅读，
那么以后你可能会成为一名学者；
如果你把时间都交给娱乐，
那么未来你很可能会一无所获。

我们怎么去花自己的时间，将会决定将来我们成为怎样的人。

如果你把时间交给阅读，那么日后你可能会成为一名学识渊博的学者；如果你把时间交给运动，那么日后你会有一副强壮的身体；如果你把时间交给社交，那么日后你会拥有很多朋友。

只是，很多同学将时间都用在“碎片化”的娱乐活动当中了。很多同学喜欢在做完作业以后看看小视频放松放松，不知不觉就嘻嘻哈哈了一晚上，毫无收获；还有的同学喜欢利用课余时间看言情小说，最终感动于书中主人公的爱情也感动了自己，除此之外再没有别的心得。

不知道大家有没有过这样的经历，当我们在学习过程中感到枯燥的时候，会不自觉地拿起父母的手机，点开某个小程序，开始玩游戏；难得拥有一小段空闲时间，我们却用来观看一些小视频或是与网友闲聊，结果一眨眼时间就没了。如果在我们的生活中真的出现过这样的情况的话，那么这些“碎片化”的娱乐很可能已经占用了我们不少时间。很多人明明只想要看5

分钟的小视频，可不知不觉却看了几个小时，依然乐此不疲，这些看似用于消磨时间的小娱乐，往往会吞噬我们大量的时间。

去年，有一个小男孩在日记上这么写道：“我第一次看小视频是同学推荐的，因为经常在课余时间听到他们讨论网上的小视频，那天我做完作业，为了满足自己的好奇心，所以找到了爸爸的手机，下载了视频软件，然后津津有味地看了起来。

“软件里有着各种各样有趣的视频，不知不觉就到了睡觉时间，我却沉浸在小视频中无法自拔。当天晚上爸爸批评了我，并且严禁我长时间观看小视频。”

过了一个学期，这个小男孩又在日记本上写道：“这次期末考试我的成绩排名又前进了一点，好几个上学期成绩比我好的同学这次考试成绩都降了下来。依我看来，他们是因为这个学期太过沉迷小视频才导致成绩下滑的，幸好爸爸及时阻止了我，不然我的成绩也会一落千丈。”

很多同学都有过看小视频、玩小游戏的经历，这些娱乐活动看上去只会占据一丁点的时间，但是极易让我们沉迷，时间也就在不知不觉间流逝了。

为什么这些小视频、小游戏等“碎片化”的娱乐活动让人如此沉迷？其中主要的原因在于玩这些并不需要我们动脑子，只需要点点手指，马上就能获得轻松愉悦的感受。所以，在进行这些娱乐活动的时候我们总会全身心地放松，以至于忘记了时间也忘记了自己。

不得不说的是，这些小娱乐并不会给我们带来实质性的收获，更不会帮助我们进步，毕竟这些小娱乐大部分的内容都不具有知识性，只有取悦玩家的功能。所以，这种小娱乐能够带给我们的只是单纯的感官愉悦，并不能为我们的学习带来实质性的提升。

更可怕的是，这些“碎片化”的娱乐会让我们的脑子时刻被这些看似有趣的内容给占据，不管是在课堂上课时还是在课后学习时，这些“碎片化”娱乐的内容往往还挥之不去，严重影响了我们的专注力。

试想一下，如果把这些花费在“碎片化”娱乐上的时间用于学习，很多同学的成绩一定都会有很大的提高。如果我们沉迷在这些娱乐活动当中，那么不仅会耗费我们宝贵的时间，同时也会对我们的学习带来极大的负面影响。

在美国，有一名小伙子由于交了不好的朋友而误入歧途，染上了毒瘾的他后悔莫及，尝试多次也无法戒掉毒瘾，因此只能一直生活在悔恨当中。

后来，这名小伙子无意间接触到了一本中国的网络小说，自此以后，这个小伙子便沉迷于小说跌宕起伏的情节当中，甚至因此而戒掉了毒瘾。

这是一则真实的新闻，网络小说和小视频等“碎片化”的娱乐能够让我们一直沉迷其中，就连身染毒瘾的小伙子都能够在这些“碎片化”的娱乐中“忘我”，可想而知它们会对我们的学习产生多大的影响。

所以，在我们学习的过程中，最好避免接触这些“碎片化”的娱乐，并且要对其有所警惕，让无处不在的小诱惑无机可乘。与其不断地耗费时间去追求感官上的享受，还不如抓紧时间认真读书，从书本中找到让我们精神愉悦的知识，享受学习的乐趣。

把时间花在能让你成长的事物上

生活不光是有学习和娱乐，

还有许多有意义的事情值得我们去做。

作为学生的我们，首要任务自然是学习，可是在学习之外我们又应该如何去利用这些课余时间呢？可能很多同学的答案都是玩。

这个年龄阶段的同学爱玩，这的确是一件无可厚非的事情。可是，有的娱乐活动会让我们的阅历与眼界不断扩大，而有的娱乐活动却只会荒废我们的时光。

比如说，一个喜欢旅游的同学，他的见识往往会远远高于那些爱打游戏的同学；一个热衷于发展爱好的同学，他所收获的知识，往往会高于那些无所事事的同学。课余时间不同的安排，也会造成同学之间的差距。

大家都知道著名画家达・芬奇画鸡蛋的故事，可是很多人并不知道，达・芬奇小时候虽然喜欢画画，却并没有梦想成为一名画家。学生时期的他肩负着父亲的期望，希望长大后能够成为一名律师。

那么，达・芬奇是怎么走上画家的道路的呢？原因就在于他懂得利用课余时间提升自己，在机会来临的时候能够紧紧抓住机遇，最终成为著名画家。

小时候的达・芬奇很喜欢画画，那时候的他在家里的墙壁上、地板上画满了各种各样的小动物。然而，他的这个爱好并没有让父亲觉得欣喜，达·芬奇的父亲更希望儿子长大后能够继承自己的事业，当上一名律师。

达·芬奇为了实现父亲的愿望，努力学习文化课，小学的时候他便成了学校的尖子生，有时候他提出的问题连老师都感到棘手。

然而，品学兼优的达·芬奇除了学习之外，始终坚持着自己绘画的爱好。当别的孩子放学后四处打闹时，达·芬奇却早早回到家中，对身边所有能够看见的物件进行描绘。

有一次，达·芬奇的同学邀请他一起去玩捉迷藏，可达·芬奇摇了摇头，说："你们去吧，我想去做一些能够让自己成长的事情。"达·芬奇开始利用课余时间四处游历，看到美好的风景便把它记在脑子里，回家后就把自己的所见画出来；遇到绘画领域的前辈，达·芬奇便主动上前攀谈，以求从前辈那里学到更多关于绘画的知识。

达·芬奇14岁那年，他的绘画水平已经远远高于同龄人。更重要的是，他笔下的那些栩栩如生的作品让父亲改变了对他的期待，父亲决定支持他的绘画爱好。

后来，父亲发现达·芬奇在绘画上有着惊人的进步，于是把他送到了当时欧洲的艺术中心——佛罗伦萨，拜当时最著名的画家费罗基俄为师。在师父的严苛要求和日复一日的练习下，达·芬奇得以脱颖而出，最终成为名震一时的著名画家。

从达·芬奇的故事中我们可以看到，真正让他成功的并不仅仅在于他的天赋，还在于他愿意将时间放在那些让他成长的事情上。这种时刻追求进步的意识，让达·芬奇脱颖而出，最终成就了他辉煌的人生。

有同学也许会问，作为学生的我们是不是就应该时时刻刻都沉浸在学习的氛围当中？错！生活不应该被学习占满，毕竟长时间的学习会大大减弱我们的学习效率，在确保足够学习时间的同时，我们不妨尝试多参与一些有益身心的娱乐活动，让自己在娱乐中增长见闻，提升阅历。

真正珍惜时间的人，并不是那些一直埋头苦干的人，也不是那些漫无目的的无所事事的人，而是那些每时每刻都在让自己进步的人。

健康成长有“四多”

1.多参观展览

很多学校都会组织学生去参观展览，通过参观展览我们可以吸收到某个领域的知识，还能够开阔我们的眼界。我们要参观一些有教育意义的展览，比如说各种天文、文学、地理、历史、书画等。

2.多出门旅游

俗话说：读万卷书，不如行万里路。无论是利用寒暑假进行的长途旅游，还是利用周末进行的短途出行，都能让我们开阔眼界，在大自然的优美风景中让自己得到放松。我们还可以通过旅游结交更多有趣的朋友，互相交流。

3.多锻炼身体

健康的身体，是好好学习的基础，很多同学在生活中都太过注重学习而忘记了身体健康的重要性。所以，我们在的课余时间里，可以尝试着参加一些体育活动，还可以与朋友或家长一起参与，并找到适合自己的运动。这对我们的身体素质的培养有着十分重要的作用。

4.多做家务活

我们的任务并不仅仅是学习，长大后的我们还需要肩负起家庭的责任。所以，课余时间我们可以尝试着帮助家长，做一些力所能及的家务。这样不仅仅能够培养我们的动手能力，也能够让我们变得更加勤快，成为生活的一把好手。

第十二章

学习，让我们看到了更广阔的世界

学习，是与世界沟通的过程

学习，是与前人探讨的过程

学习，是了解自己的过程

学习，让生活更加丰富

学习，是与世界沟通的过程

每一个热爱生活的人，
都想要跟这个世界沟通。
他们通过不同的方式聆听世界的声音，
同时也会向这个世界分享自己的想法。

沟通，是我们跟外界进行思想和情感传递的过程，当我们有新发现跟小伙伴们分享的时候，这个过程就叫作“沟通”。

看到这里，估计会有同学在想：世界那么大，我们应该怎么跟世界沟通呢？跟世界沟通或许在现在的我们看来，是一件十分遥远的事情。其实，与世界沟通一点都不难——只要我们坚持不懈地学习。

我们先来看看这位伟人的一生。

年轻的时候，他曾经是校园里的高才生，然而一场大病让他几乎丧失了斗志。21岁那年，他患上了肌肉萎缩性侧索硬化症，一夜之间，他从一个活蹦乱跳的孩子变成了一个全身瘫痪的植物人。然而，病痛并没有让他从此自暴自弃。经过了一番挣扎后，他重整旗鼓，再次投身于科学，希望自己在科学界能够做出一番贡献。

起初，他借着轮椅为自己代步，虽然行动不便，可是他却坚持钻研学术，推导出很多科学公式。依然拥有学习能力的他，那时候并不悲观，科研之余他还喜欢将电动轮椅调到最高速，跟骑着自行车的孩子比赛。

但没多久，他便再也找不到这样的乐趣了。病情再度恶化的他，渐渐连笔杆都无法握住，甚至连语言功能也因为一场肺炎而开始慢慢消失。

后来，他的几根手指也因为病情恶化而变得不能动弹。这时候的他，全身上下唯一能动的只有脸上的一块肌肉。幸好，他的研究生朋友为他发明了一台仪器，这台仪器能够通过红外线去扫描检测他的肌肉活动，这样他便能够通过一块小小的肌肉去控制鼠标，继续与外界交流。

说到这里大家都能想到他是谁了，没错，他就是大名鼎鼎的理学家霍金。他的一生命运多舛，可是所有的磨难都没有让他停止学习的脚步，他也就是以这样一副不完美的身躯完成了与世界的对话，甚至完成了与外太空的“对话”。

其实，在我们每天学习的过程中，我们都在跟这个世界沟通。只不过现在的我们由于价值观尚未完全树立，能力也还有限，与世界的沟通只能够通过聆听的方式进行。

也许，这个世界正通过老师的嘴巴，向我们分享一些有趣的事情；也许，这个世界正把它的秘密藏在一本书里面……每一个热爱生活的人，都想要跟这个世界沟通，他们通过不同的方式聆听世界的声音，同时也会向这个世界分享自己的想法。

相信你也一定希望长大以后能够与世界沟通，那么请珍惜现在的学习机会。每一次用心学习的过程，其实都是跟这个世界沟通的过程。

学习，是与前人探讨的过程

当我们在学习过程中产生了疑惑时，

不必惊慌。

带着疑惑前行，

哪怕最后我们的想法是错的也没关系，

探讨和寻找正确答案的过程也会让我们受益匪浅。

在前面的章节里我们讲过，阅读名人传记，就是在吸收名人一生的智慧。其实，在学习中我们也可以通过不断吸收去尝试着跟前人对话。

不知道大家在学习的过程中，有没有出现过这样的感觉：大家都说书本上的内容是对的，可是我们却觉得事实并不是如此，我们有时候会对书本上的内容有所质疑，还会对质疑的内容有自己独特的看法。

出现这种情况的时候，我们应该怎么办呢？很多同学对此总是不加理会：既然书本上是这么说的肯定有它的道理，更何况考试的时候也是按照书本的内容作为标准答案，所以面对这种情况我们还是随它去好了。

很可惜，如果我们这么做的话，就失去一次跟前人探讨的机会了。

之前，我国的生物学教科书上对蜜蜂发声原理的讲述是这样的：蜜蜂发声依靠的是翅膀的振动，高频率的振动使蜜蜂飞过的时候会产生嗡嗡的声响。

然而，有一名12岁的小男孩却对此提出了质疑，他发现，就算是翅膀不振动的蜜蜂也能够发出“嗡嗡”的声响。因此，他认为蜜蜂发声并不是依靠翅膀振动，而是有它独特的发声器官。

如果换作我们，对教科书的质疑可能只是一闪而过，但这位名叫聂利的小男孩并不这么想，他认为既然自己能够有这样的发现，不如好好钻研一下。

于是，他翻阅了不少关于蜜蜂发声的文献，其中大部分都表明蜜蜂发声是通过翅膀振动而形成的。因此，聂利尝试着“用事实说话”，他开始到田野里寻找蜜蜂，并且捕捉一小部分蜜蜂作为研究对象。最终，他凭借着一个简单的放大镜，发现了蜜蜂发声的秘密——蜜蜂依靠器官发声。

后来，聂利撰写了论文《蜜蜂并不是靠翅膀振动发声》，引起了科学界的轰动。聂利也因此荣获了全国青少年科技创新大赛银奖以及高士其科普专项奖。

从这个故事里我们可以看出，聂利的发现过程并不复杂，他能够获得如此殊荣，依靠的还是他敢于跟前人对话的精神。在这次科研过程中，聂利成功地跟发现蜜蜂用翅膀发声的前人做出了一场伟大的探讨，并且用自己的观察“说服”了这位前人，完成了一次深刻又有意义的对话。

在现实生活中，我们也可以通过这样的方式跟前人对话，当我们在学习的时候产生了疑惑，我们可以通过不断地搜集材料或是观察，对前人的见解提出质疑。在这个过程中，我们便成功地跟前人进行了一次深度的交谈。

所以，当我们在学习的过程中产生了疑惑时，不必惊慌。带着疑惑前行，哪怕最后我们的想法是错的也没关系，探讨和寻找正确答案的过程也会让我们受益匪浅。

学习，是了解自己的过程

学习，能让人的发展更全面。

不断地学习，

能够让我们看到更真实的自己，

而不是让自己在局限的自我认知和别人的目光中生活。

在这里，我想先问大家一个问题：你了解你自己吗？

估计很多同学在面对这个问题时答案都是肯定的，我们自己难道还不了解自己吗？事实上，很多时候我们对自己的认知是非常片面的。

我想每个人在读书的时候都会遇到这样的情况：看到一段精彩的人物描写时，我们便如醍醐灌顶一般，心想，啊，这说的不就是我吗？

是的，我们对自己的认知总是不全面的，而学习则可以让我们看到一个未被发现的自己。在学习过程中，我们能够更好地发掘自己的潜力，了解自己能力的极限。

当我们对自己不够自信的时候，我们的认知很容易被负面情绪所影响，这会导致我们对自己能力的认知出现偏差，误认为自己一无是处。这时候，我们要做的便是抛开顾虑，暂且先埋头学习，让自己在学习中更全面地了解自己的能力。

有一名学生，他从小就十分喜欢看韩国的综艺节目，奈何他的韩语水平有限，每次观看节目的时候他都必须依靠字幕。有一天，他突然产生了学习韩语的念头。

但是，他又有了一些顾虑：自己的语文成绩并不是十分理想，英语成绩也不怎么样，这不是说明自己没有太多的语言天赋吗？就这样想着想着，他觉得自己一定学不会韩语。

幸好，在这个时候他看到了一本书，书中的励志故事激发了他的学习热情，于是他又重拾了学习韩语的念头，并且利用课余时间苦苦钻研。

一开始的时候，他觉得学习韩语无比困难，他咬牙坚持了一段时间，发现自己的语言能力并不比别人差。慢慢地，他掌握了学习韩语的窍门，学起来越来越轻松。

几年过去了，他的韩语水平有了极大的提高，还成功地考上了一所大学的韩语系，实现了自己少年时期的心愿。

英国思想家培根说过："读书让人完整，讨论使人完备，写作使人完善。"通过学习，我们能够更好地看到真实的自己，而不是让自己在局限的自我认知和别人的眼光中活着。

学习不仅能够让我们成为更好的自己，还能够让我们看清自己，让我们在面对困难的时候不至于失去了前行的勇气，也能让我们在得意的时候不会自大轻狂。

现在的你，完全了解自己了吗？抛弃对自己片面的认知，投身到学习中去，让我们在学习中发现不一样的自己吧。

学习，让生活更加丰富

如果有一个方法能让我们的生命延长，

那么这个方法一定是学习。

因为不断学习的人，

能看到更多的、不一样的风景。

我曾经看到过这么一句话：如果一个人的生命只有100年，那么不断学习的人所接触的东西，不读书的人大概需要200年。学习能够让我们的生活变得丰富，同时也能够让我们不断地提升自我。

热爱学习的人可以经历1000种人生，他们的未来因为学习而拥有无限可能，而不热爱学习的人，眼前就只有少数的选择，他们的人生之路，沿途也只有平淡无奇的风景。

我有一个侄子，平日不喜欢跟小伙伴们四处玩闹，他更喜欢利用闲余时间待在家中看书学习。偶尔，他会约上志同道合的好朋友一起去踏青、写生。这种生活方式让侄子的知识变得丰厚，眼界也渐渐比同龄人更为宽广。

这种生活方式并没有让他变得孤僻，恰恰相反，他在学校的人缘并不差，丰富的课外知识与强大的学习能力使他成为班级里的“百事通”，很多同学发现有趣的现象都会找他去解释，大家也都很乐意听他分享他在书中看到的趣事。

有一次，学校举办演讲竞赛，他代表了班级去参赛。在演讲中，他讲起了自己书中看到的新奇有趣的事情，也说起了在户外所经历的趣事。台下的听众纷纷被他感染，数千对眼睛里，闪烁着向往的目光。

可能有同学会问，学习真的有那么大的魔力吗？对于这个问题，我只能说，学习最大的魅力就在于它能够让我们在不知不觉中变成更好的自己，让我们在未来找到更好的生活。

每一位同学都希望能够有一个学识渊博的朋友，之所以愿意跟学识渊博的伙伴交朋友，是因为他们总能够找到各种有趣的话题。实际上，在我们的书桌上同样就有这样的朋友。一本本经典的书籍，记载着古今中外流传下来的智慧，也记录着生活中无处不在的知识。

学习是拓展我们眼界的指路灯，让我们的生活变得丰富多彩。每一次用心的学习，都会让我们的内心变得更加充盈，让生活变得更加有意义。

如果我们不愿意学习的话，那么我们就只剩下学校和家里这两点一线枯燥的生活，所接触的也是老师、家长与同学等为数不多的人。但是，如果我们愿意花时间去学习的话，那么我们可以跟着书本一起，去体验历史上各种有趣的事情，看到各种别有特色的民俗风情……

所以，当我们感到生活枯燥无味的时候，不妨尝试着去学习新的知识，发现另一个有趣的领域。相信这一定会让我们感到无比快乐，因为学习不仅能丰富我们的生活，还能增加我们的智慧。

| 第十三章 |

学习是长跑比赛，坚持到底就是胜利

学习是一场旷日持久的战争
直面挫折与压力，做一个有韧劲的人
学会自我暗示，找到学习的动力来源
保持平和的心态，告诉自己不要急躁
及时总结，从失败中吸取经验

学习是一场旷日持久的战争

学习就像是一场旷日持久的战争，

如果我们遭到一点点挫折就放弃的话，

那么之前的努力都会失去意义。

如果是这样的话，

你甘心吗？

对于很多同学而言，成长的道路并不是一条能够看到尽头的康庄大道，很多人一直在成长的道路上努力奔跑，却始终不知道自己奔跑的道路将要带他们通往何处。

实际上，很多同学在一开始都对学习有着无穷的斗志和信心，但学着学着难免就会感到有点枯燥，甚至被日复一日的重复所打败，开始自暴自弃。

每个人都会有厌倦的时候，可这并不意味着我们可以因此而放弃。要知道，当我们因为厌倦学习而偷懒甚至是放弃的时候，别的人可能正在咬牙坚持着。爱迪生说过："无论什么时候，不管遇到什么情况，我决不允许自己有一点点灰心丧气。"也就是说，如果我们想要收获成功的果实，那么千万不能让任何事情打击到我们的热情，只有一路坚持下去，才有可能看到希望的曙光。

我想每个同学可能都有过这样的经历：明明自己已经十分努力地学习，可是成绩却没有一点进步，每到这个时候，是真的很想放弃。有的同学虽然底子不好，但他们却一直坚持学习，每天逼迫自己进步一点点，日积月累，最后他们在考试中也会取得优异的成绩。

如果说我们的成长是一次自我武装的过程，那么学习就是一场旷日持久的战争。想要在战争中取得最后的胜利，我们就要不断地排除万难，在荆棘密布的战场上一路前行。

那么，我们应该如何坚持呢？对于很多同学而言，坚持不过是一句口号，他们不懂得如何去坚持做好一件事情。我们不妨先来看看大书法家王羲之是怎么做的吧！

被称作“书圣”的著名书法家王羲之，是我国历史上最有名的书法家。他所有的成就，都源自他数十年如一日的坚持。

从7岁开始，王羲之便开始学习书法，沉迷书法的他在练习时总是专心致志，有时候甚至到了废寝忘食的地步。据说，童年时的王羲之经常在脑子里揣摩字体的结构，并且用手指在衣袖上练习，久而久之，他每一件衣服的左手衣袖都被磨得稀烂。

17岁那年，王羲之偶然得到父亲收藏的前代书法论著，于是王羲之偷偷地取来临摹，每天坐在水池旁练习。春去秋来，不管是寒冬还是炎暑，王羲之每天都坚持练习，练完字后他便在水池里洗笔，每日如此。

直到有一天，他洗完笔后一看，发现在不知不觉中，他已经将这一池水洗成墨黑色，他的书法技术也在这个过程中变得精湛起来。

王羲之的故事，道出了一个深刻又简单的道理：想要成功，必须有持之以恒的精神，沉迷在练习中是最好的学习方法。只有坚持不懈地努力，我们才能够赢得学习这场旷日持久的战争。

我们不能否认，遭受挫败的确是一件让人感到极度失落的事情。因此，我们也必须学着去调整自己失落的情绪。当我们遭受挫败的时候，不妨尝试着做一些运动。一方面，运动可以让我们释放出不良的情绪；另一方面，运动也有益于身体健康。我们还可以看看让我们感兴趣的课外书，在阅读中消解负面情绪。

等失落的情绪过去之后，我们又可以给自己打打气："学习本来就是一场旷日持久的战争，如果我们现在放弃的话，那么之前的努力都会白费。"

在坚持的过程中，当我们感到气馁的时候，千万不能够让负面情绪不断蔓延。当负面情绪出现时，应该立即打起十二分精神，避免被负面情绪所控制。只有让自己始终保持积极向上的状态，我们才能够更好地坚持下去。

所以，当我们在学习过程中遇到"明明很努力了但是成绩就是上不去""背了几个晚上单词了还是没法跟上学习进度"等情况的时候，我们千万不能气馁，要相信只要朝着正确的方向不断努力，终会有收获成果的一天。

直面挫折与压力，做一个有韧劲的人

面对挫折的时候坚强一点，咬咬牙，

挺过去了，你就会成为不一样的自己。

历尽千般错，

练就不死心。

学习的道路很漫长，途中我们还会遇到很多挫折与失败。不管遇到了做不出来的难题，还是经历了一场重要考试的失利，都会让我们感到沮丧与失落。但不管怎样，如果我们能够以一颗平常心去对待的话，接下来我们很可能战胜挫折，夺回属于我们的胜利。

有的同学在面对挫折的时候会迎难而上，并且敢于直视自己的不足，知耻而后勇，可有的同学却会在挫折面前败下阵来，渐渐地自暴自弃。每一个同学都必须学会如何对待挫折。

2017年3月20日，沈阳一名高三女生趁着母亲做饭的时候，从12楼阳台处跳楼轻生。虽然120立即到场实施抢救，依然没有挽回她年轻的生命，这名女生的轻生行为让全家人悲痛不已。

女孩的母亲搂着女儿的身体放声痛哭，悲恸欲绝，而她的爷爷赶到现场时，当场便晕了过去。

仅仅是一次考试失利，便给这个普通的家庭带来了如此巨大的悲痛。这个女孩缺少了面对挫折与压力的能力，把学习中的挫折当成是一道难以逾越的鸿沟，甚至不惜为此放弃了生命。

因此，在面对挫折与困难时，我们一定要有一股韧劲。如果我们在生活中缺乏坚韧的精神，那么我们很容易就会被挫折打败，从而始终无法跨过挫折与困难，走向更远的前方。要知道，每个人在学习的道路上都会遇到不同的挫折，这并不是一件丢人的事情，所以我们没有必要在挫折面前一蹶不振，因为这只会让我们永远在挫折面前抬不起头。

相反，在面对挫折的时候我们应该勇于迎难而上，想方设法越过困难，击败挫折，不要让讨厌的挫折将我们打倒，这才是我们在这个朝阳般的年纪该做的事情。

在历史的长河里，很多名人在成长的路上，同样也遭遇了许多不为人知的挫折。美国著名作家凯鲁亚克曾经以一本《在路上》名震美利坚，这部被称为“垮掉一代的《圣经》”的作品，在当时唤醒了无数美国人对生活的热情。

然而，在这本书成功出版的背后却有着不为人知的困难。这部作品完成于1951年，可当时却没有任何出版社愿意将它出版。众多出版社在粗略审阅了作品后，纷纷表示这书并不具备出版的资质：这部庞杂而不得要领的小说可能会卖出几本，也会引来四面八方的冷嘲热讽和怒不可遏的评论。有一名编辑的评论更是尖酸刻薄：“不管作品写得怎么样，反正我是不会翻这本书。”

余华在刚刚开始写作的时候，他所有的稿件几乎都被出版社退回。据说，当时余华被退稿的数量惊人，多得连邮递员后来都懒得敲门，直接将一大沓退稿信从院子外扔到屋里。所以只要听到重物落地的声音，余华就知道退稿信又来了。

就连我们熟知的西安作家贾平凹也曾经因退稿而烦恼。当时贾平凹不断地向全国各大媒体投寄自己的作品，结果换来的是一沓沓的退稿信。贾平凹将一年来所收到的所有退稿信都贴在墙上，让自己每次抬头的时候都能看到它们。

面对着这些毫不留情的批评和退稿，这些作家并没有因此而放弃他们的梦想，而是更加努力地提升自己，甚至练就了一颗坚韧的心，屡败屡战。最终，他们的作品成为能够影响一代又一代人的文学经典。

亚伯拉罕·林肯说过这么一句话："我们所关心的并不是你是否失败，而是你在面对失败的时候能够无怨。"面对挫败的时候，能够直视挫折，是我们成长的重要标志之一。

所以，面对挫折的时候要坚强一点，不要被困难所吓倒，只有不断地排除万难，我们才能够练就一身韧劲，以在日后更多的难关中披荆斩棘，战无不胜。

正确面对挫折的小技巧

1.面对挫折，反省自身

挫折从来都不是无缘由地出现的，所以当我们遇到挫折的时候，我们首先需要做的事情是反省自身。是因为自己之前太懒了，还是自己的学习方法不正确，才会导致挫折的发生？

找到了挫折发生的原因，剩下的事情就好办多了。

2.如何应对挫败

找到了挫折发生的原因还不够，我们还需要根据自己的不足去制订针对性的解决方案，并且要做进一步的思考：以后我们遇到同样挫折的时候，应该怎样更好地去应对?

只有勇于改变自己的人，才能够拥有强大的能力，去克服所有的挫折。

3.学会举一反三

得知了自己的不足，我们还需要想想自己是不是还有其他问题还没有被发现，趁着这次尽可能多地改掉自己的缺点，避免挫折再次发生。

学会自我暗示，找到学习的动力来源

如果前路一片黑暗，

无论我们怎么走，

都只是在黑暗中盲目前行。

但如果心里有光，

那迈出的脚步就会更有力。

有一所学校曾经做过这么一个实验：老师从网上找来一张路人的照片，将学生分成A、B两组，跟A组说这是一名世界顶级模特，对B组说这是一名连环杀人犯。随后，让两组的学生分别对这个路人的相貌进行一段文字描写。

老师将两组同学对肖像的描述进行梳理后，他发现不同组别的同学对同一个人的观察竟然有如此大的差别。A组同学对这个路人的相貌描述大多以褒义词为主，而B组同学大多以贬义词去形容这个路人，其中甚至不乏各种恶毒的词语。

为什么同一个人，在不同的人眼里有那么大的差别呢？原因主要是A、B两组的同学在进行描写之前，接收到了不同的暗示。在A组同学眼中，这个路人是一个顶级的模特，大家自然会用倾慕的眼光去看她；而在B组同学眼中，这个路人是一名连环杀人犯，那么自然就会对她产生偏见。

自我暗示拥有极其强大的力量，它能够左右我们对这个世界的看法。所以我们在学习过程中，也应该善于做出正面的自我暗示，让自己更加轻松地面对遇到的各种难题。

张毅和李吴是好朋友，他们同为六年级学生，平日考试成绩也很相近。在一次模拟考试前夕，两人心里都十分紧张。张毅在进考场的时候，心里直打鼓，他心想，完蛋了，昨晚太过紧张没睡好，不知道这次能不能考出好成绩。如果这次考试被难题卡住了怎么办？如果这次考不好，免不了又要被父母责备了。

而李吴在进入考场之前，先是悄悄地走到一旁，用力深呼吸，心想，听说这次的题目不简单，不过没关系，老师肯定已经在课堂上讲过这些题目，一定能应付得了的。等考到了好成绩，一定要趁着放假让爸妈带着去旅行，好好玩个够。

试卷发下来以后，李吴一直安静地答题，不断提醒自己不要着急，整个考试的过程中，他的心态都非常平静，将所有题目做完以后，还有足够的时间检查。而张毅看到试卷题目后，心里一直安静不下来，考试时间都过了一半，他还担心自己这次考试考不好。结果，直到下课铃声响起后他还没做完最后一道大题，只能忍泪交卷。

也许很多同学在考试的时候都遇到过张毅的这种情况，如果在考试中我们不能保持自信，以心神不宁的状态去参加考试，出错的概率就会增加不少。反之，如果我们像李吴这样以正确的心态去答题，相信自己，那么我们也能够取得好的成绩。

由此可见，自我暗示不仅仅是一种给自己打气的方法，同时也是放松心情、让自己在学习道路上拥有更好状态的捷径。如果我们在学习过程中遇到了“拦路虎”，也可以为自己打打气，以更好的状态去学习。

如果前路一片黑暗，那么无论我们怎么奋斗，都只是在黑暗中盲目前行。但如果我们心里有光，那么我们前行的脚步便会更加铿锵有力。

可能有人会说，老师说骄傲是一个坏习惯，如果我们做任何事情都要先自我暗示一番，这样不会显得很自大吗？

其实，我们说的正面自我暗示是根据自身基本情况做出来的，如果我们每次考试之前都跟自己说“这次我一定能拿第一”，这种空话型的自我暗示并不会起到什么作用。

只有在充分了解自己的基础上进行正面的自我暗示，才能够让我们的心态放平，保持一个良好的状态。不合理的自我暗示，如一个平日成绩比较差的同学自我暗示“这次我一定考上第一名”，不仅起不到任何作用，反而还会给自己徒增压力。不切实际地暗示自己，无疑是想要一步登天，这样的暗示只会让我们沉浸在幻想之中，永远没有办法感受到自我暗示的力量。

所以，自我暗示需要建立在自己实际情况的基础上，只有做出切合实际的暗示，我们才能够从中感受到自信与愉悦。

进行正面自我暗示的小技巧

1.遇到困难时，找到自己自信的源头

很多人不知道怎么进行自我暗示，他们每一次进行暗示的时候无非都是说一些“我一定能做得更好”“我会攻克难题”之类的话。可是，有效的自我暗示是结合自身情况而做出的。

比如说，在考试前如果我们已经充分地复习过了，那么我们就可以这样暗示自己：放心吧，一定没问题的，我已经把老师说的知识点都学习过了，这次考试一定能考好。在学习新课程之前，如果我们已经预习了一遍，那么我们可以这样说：我已经大概知道老师要讲什么知识，相信这堂课我一定能吸收得特别好。

找到自己自信的源头，然后加以暗示，这会让我们充满信心，以更好的姿态去迎接新的挑战。

2.回想过去成功的案例

在学习的过程中，我们也可以通过自我暗示去调节心情。当我们在学习时感到枯燥，坚持不下去的时候，我们可以给自己暗示说：之前那一次，我也遇到同样的情况，可是我都坚持下来了，所以我一定也能够解决现在的难题。

在面对新计划的时候，我们不妨回想一下过去成功的案例，然后暗示自己：只要我一直坚持，一定能够完成计划，毕竟之前设定的计划我都完成了，这次一定也不例外。

从心理学的角度来说，一个人的自信，源自他过去的成功。所以，当我们遇到难题的时候，不妨利用过去成功的案例去暗示自己，激发内心的自信。

3.幻想克服困难后的美好

有同学问，在做某一件事之前，如果我们没有经历过成功的案例，也没有经过长时间的筹备，那我们应该如何暗示自己呢？

很简单，这时候我们需要给自己一个希望，这样一来，我们就会更加用心地做好手头的事情。比如说，当我们第一次参加演讲，我们可以在演讲之前在脑子里想一想演讲结束后掌声雷动的情景，让自己拥有足够的信心，去面对眼前的难题。

保持平和的心态，告诉自己不要急躁

成功的彼岸是遥远的，
只有耐心的人才能够到达。
也许我们走得很慢，
但我们永远都不会放弃！

坚持是取得成功的必要条件，它就像一条横穿现在和未来的公路，只要在坚持的路上一直前行，我们很快就能走到梦想的彼岸。很多同学都知道这个道理，但他们却总是太过急躁，以至于坚持不了多久就会出现失望、无助的负面情绪。

学习的道路十分漫长，在我们的生命中，有将近20年的学习时间，学习这件事，并不是一朝一夕便能够完成的。离开校园以后，我们依然需要不断地学习，不断提升自己，这样才能够使自己对社会做出更多的贡献。

所以，无论遇到任何情况，我们都应该向着自己的目标不断进发，保持着初心，踏实前行，而不是任由急躁的情绪去控制我们的行为。如果在学习中总是想着一蹴而就的话，那么我们永远都不会学到真正的知识。

曾经有一个小伙子找到陶渊明，希望他能够把自己教育成才。然而，这小伙子性格实在太过急躁，跟陶渊明学了几天觉得不见成效后，便开始抱怨连连。

这时候，陶渊明带他到了屋后的农田，指着正在生长的禾苗问：“你仔细地看看，它们现在在长高吗？”

小伙子听了陶渊明的话，立马蹲下，目不转睛地盯着禾苗，过了好半天小伙才站起来，说：“它们没有在长高啊。”陶渊明反问：“真的没有在长高？那么春天播的种子为什么会变成禾苗呢？”小伙子听了以后，一时间无言以对。

陶渊明说：“其实，禾苗每时每刻都在长高，只是我们没有注意到而已。学习也是，每天坚持学习会让我们的知识一点一滴地累积，只是很多时候我们都没有察觉到罢了。但是，只要我们把心态放平，不要急躁，终有一天我们的知识会像这些禾苗一样破土而出，而且越学越好。”

随后，陶渊明又指着一旁的大石头，说：“你看看这石头，为什么石头上面会有一个洞呢？”小伙子回答：“那是因为大家都在上面敲敲打打。”“那你知道它是哪一天变成这样的吗？”小伙子摇了摇头。

陶渊明拍了拍小伙子的肩膀，说：“那是农夫们天天在上面磨刀，久而久之在石头上留下的痕迹，如果我们每天都坚持读书学习的话，我们也能够拥有水滴石穿的力量。”

从这个故事中我们可以看出，学习是一个循序渐进的过程，虽然我们感觉不到自己的知识在增长，可是一段时间过后，我们一定会成为一个不一样的自己。

很多同学在学习中，总像故事里的小伙子一样，恨不得一夜间将所有的知识都学会。事实上，我们并不会因为一夜的“努力”而变得聪明，熬夜读书反而还会影响到次日的学习。真正想要学到知识，必须避免浮躁的心态，将心态放平，一点一滴地积累知识。

很久之前，有这么一个农夫，总是嫌地里的禾苗长得太慢，于是他想了一个办法，将地里的禾苗全都拔高一点，想着过几天禾苗就能够长得比其他农民的快。

可是，当他第二天来到农田的时候，发现他的禾苗已经全部枯死了。这时候的他看着倒了一地的禾苗，欲哭无泪。我们学习也是这样，如果太过急躁的话，只会对我们的学习起到反作用。揠苗助长的做法并不适合于学习。

知识的积累需要我们付出大量的时间和汗水，如果说每个人都能够在短时间内拥有大量知识的话，那么成功还有意义吗？如果没有经历长期坚持的过程，我们也没有办法感受到成功时的喜悦。

有一句话说得特别好：做一件事情不难，难的是每天都坚持做一件事情而不放弃。当我们日复一日，把一件事情坚持到底的时候，那我们离成功就只有半步之遥。

所以说，当我们下定决心要做好一件事情的时候，最好的方法还是踏踏实实地积累，不要心浮气躁，安心等待着厚积薄发的那一天。

及时总结，从失败中吸取经验

每个人在学习的路上都会遇到挫折，
有的人对错误视而不见，
而有的人则会及时总结，
将错误转化成未来成功的经验。

我身边有一个朋友，他很少会因为别人的夸奖而欣喜，反而会因为他人的批评而感到高兴。很多人觉得他是一个奇怪的人，他却跟大家说："表扬只是对我拥有的优点一再重复，而批评则是对我的不足加以叙述，批评能够提醒我变得更好，而表扬则让我一无所获。"

其实，从错误中学习也是我们成长的一个重要手段。

如果大家有心的话，我们会发现很多成绩不错的同学都有一本属于自己的错题集，他们会将自己曾经犯过的错误记录在本子上，并且不定时地对这些错题进行总结，对自己的不足加以弥补。做题只是把现有的知识进行输出，而分析错误并且总结则是我们对未知、理解出现偏差的知识进行二次学习的过程。

不要以为整理错题集、从错误中学习只是聪明同学的专利，其实这对于我们而言也是一种极其有效的学习方式。尤其是当我们克服了学习上的挫败之后，如果能及时总结，我们便能够更好地填补自己在学习上存在的漏洞，使我们的个人水平进一步提高。

我接触过这样一名学生，他每天都比其他同学要更加努力学习，可他的学习成绩却一直很难提高，始终处在班级的中游。

有一次，他在小考中失利，他的妈妈在审阅了他的试卷以后，问："这道应用题型之前不是做过很多遍吗？怎么你还是做错了呢？"

他看了一眼题目，皱了皱眉，说："这种应用题太难了，所以我总是做错。"

妈妈说："同一道题型你做错一次，那还情有可原，如果每次遇到这样的题型都做错的话，那么你就应该检讨一下自己。你跟我说说，发现自己做错了这种题目以后，你是怎么办的？"

他说："每当我做错了以后，我就找老师要正确答案，然后把答案记住。"

妈妈听了以后，拍了拍他的肩膀，说："你知道自己做错了题目，主动去找老师要正确答案是对的，可是你有没有想过，自己为什么做错这道题，下次遇到这道题的时候你应该怎么做呢？"

看孩子摇了摇头，妈妈又说："如果不弄清楚犯错的原因的话，那么下次你还是会犯这样的错误。"

事后，这名同学在妈妈的辅导下，掌握了这种题型的知识点，并且将自己试卷上的错题都梳理了一遍。最后，他在错题集里面写道："如果不曾学会总结错误，那么错误永远都没有办法成为经验。"

对于这名同学而言，整理错题也是一次挫败后的总结。我们每个人在学习当中都会出现许多错误，也会为此而感到焦躁，但我们不能任由错误在那里而不去改正。积极地将挫败的经历转化成自己的经验，让自己在下一次遇到同样问题的时候，不要再犯跟上次一样的错误。

总结错误的小技巧

1.准备一本错题集

错题集是我们提高成绩不可缺少的一种“神器”。很多时候我们在遭受挫败的时候觉得自己会记住教训，实际上没过几天我们就会把之前的挫折忘得一干二净。在学习上也是这样，我们需要通过笔头去记录我们曾经做错的题，利用碎片时间经常翻阅，这样不仅能够加深我们的记忆，还能够最大限度地弥补自己知识架构上的缺陷。

2.切勿无视错题

很多同学容易无视一些小的错题，认为自己下次一定能够做对，便不把一些小错题纳入到错题集里，其实这种做法最容易让我们忽试自己知识的漏洞。

因此，在记录错题的时候，无论是出于什么原因犯的错，我们都必须将错题纳入到错题集里，不能因为错题分值不高而忽视。

3.当天完成错题总结

当我们记录好错题以后，需要立马对错题进行总结。而且，总结不能单纯地记录正确答案，而是需要记录为什么自己会做错、怎么做才是正确的方法、以后遇到同样的题目自己怎么应对。

只有把这些完全记录下来，日后我们翻开的时候才能够更好地吸收错题集里面的知识，这样的总结也才会更有价值。

第十四章

创新与自信：不可或缺的好品质

创新，让学习变得更有趣味

增加阅读量，读书越多越聪明

细节源于生活，培养敏锐的观察力

自信，成就卓越人生

勇于表达自我，建立健全人格

创新，让学习变得更有趣味

知识并不是通过刻板地搬运而来的，
它如同一颗种子，
在我们的大脑里慢慢萌芽，
至于开出怎样的花，
完全取决于你如何去灌溉。

有一位老师跟我说过这样的话，他说现在的孩子主要分成两类：一类是从学习中找到乐趣的，这些同学总是有热爱学习的表现；另一类是对学习感到枯燥的，这类同学没有办法从学习中找到乐趣，学得不怎么开心。

很多人想不通，大家都在学习同样枯燥的内容，为什么那些热爱学习的同学总能够学得津津有味，而自己却只能不断要求自己集中注意力，费尽心思地强迫自己学习呢？

其实很多同学都不知道，学会在学习时创新，是让学习变得有趣的诀窍之一。

在一次考试中，有个女孩没有考出好的成绩，主要是最后一道分值最高的应用题没有做完，这让她感到十分沮丧。

她的妈妈看到试卷以后，问："你是因为不会做所以才做不完的吗？"

女孩摇摇头，说："不是的，我知道最后这道题应该怎么做，只不过在考试的时候，我突然发现这道题还能够用另一种方法去解答，所以我就在考试的时候尝试了新的解答方法。”

妈妈又问：“所以就没做完对吧？”

女孩懊恼地回答：“是啊，早知道我就按书里说的那样去做了，这样保证能拿到分。”

这回轮到妈妈摇头了：“如果你能够想到新的解题方法，你完全可以尝试着使用。哪怕你这次考试成绩不理想，可是你敢于创新，尝试着另辟蹊径去解题的精神是非常不错的。对了，那种新的解题方式你给我说一下，我帮你一起算。”

在学习的过程中，我们要培养自己创新的思维，无论是考试还是平时练习，只要有新的想法都可以去勇敢尝试。很多同学就是无论什么时候都按照书本上教的方式去做，不敢去验证自己的想法，这样只会让我们的学习变得越来越枯燥。

试想一下，如果我们是故事里的小女孩，当我们跟妈妈一起钻研，看着自己的设想慢慢成立，这样的学习是不是多了一份乐趣？

虽说书本里的知识充满着无穷无尽的趣味，可是如果学习方法过于单一的话，那么早晚也会感到枯燥。因此，我们不妨尝试着为枯燥的学习添加一些新鲜的元素，学会摒弃那些约定俗成的方法，另辟蹊径，勇于创新。

著名财经作家吴晓波在节目中也谈及过创新，他说：“创新，就是将原有的知识体系重新排列，从而衍生出新的元素。”学习也一样，在学习的过程中，我们不妨尝试着在原有的知识基础上增加自己的想法，然后尝试着去验证自己的想法是否能成立，从中找到与旧知识“交流”的乐趣。

创新的学习方法不仅能够让我们更好地吸收旧知识，也会促使我们更加主动地学习。著名作家马伯庸在参加综艺节目的时候，透露过他教育孩子的方式：只有让学习变得创新有趣味，才能够更好地吸收不同的知识。

很多同学都害怕背诵唐诗，马伯庸却表示自己的孩子从来不抗拒学习唐诗。马伯庸告诉主持人说，他们父子俩钻研出了一种新的学习方式，让孩子能够主动学习唐诗，并且取得不错的成效。

那么，马伯庸是怎么教孩子学唐诗的呢？

马伯庸在与孩子玩耍的时候，经常会通过寓教于乐的方式对孩子教育。一天，马伯庸在与孩子打闹时，他突然灵机一闪，大喊一声："接我这招'白日依山尽'。"

孩子突然间一愣，随后马上会意："那我用这招'黄河入海流'抵挡你的招式。"

马伯庸听后，顿觉欣喜，又说："那尝尝我这招'莫愁前路无知己'。"

孩子听后搔头抓耳，最后不得已说了一句："还你这招'轻舟已过万重山'。"

马伯庸听完以后哈哈大笑，宣布自己获得了这场"决斗"的胜利。孩子听后，顿觉不甘心，这次由孩子出题，父子俩玩得不亦乐乎。

马伯庸的教育方式赢得了嘉宾们的赞赏，他在教育孩子的过程中，很大程度上利用了孩子爱玩的天性。每当他跟孩子玩乐的时候总会安排一场父子间的"决斗"，并且以唐诗分胜负。这样一来，孩子为了赢得这场"决斗"，便会主动地学习唐诗。据说，有时候孩子出的"招"马伯庸也对不上呢！

学习的过程中难免会感到枯燥，我们也要如马伯庸一样，懂得让自己在学习中找到一些乐趣。尝试着多去思考，从不同角度去挖掘新知识，久而久之，一定也能够感受到创新的乐趣。

知识并不是刻板的搬运，也不是一字不差的背诵，更不是一成不变的说教。它像是一颗小小的种子，只要精心护理，都能长出绚烂的花朵，至于最终能够结出什么样的果实，完全取决于我们自己如何去浇灌。

增加阅读量，读书越多越聪明

创新是在足够的积累上发生的过程，
需要我们拥有稳固的知识基础。
要想做到创新，
最好的方法就是大量阅读。

有同学问我，究竟什么才是创新？对于我们而言，创新很大程度上就是将别人的知识转化成自己专有知识的过程。

比如说，我们看到小朋友们通过看图识字，那我们也可以借鉴他们的学习方法，进行看图识单词的英语练习；大人们每天上班需要打卡，我们也可以通过网络进行学习打卡。所以说，将别人的知识通过自己的方法吸收转化使之变成对自己有用的知识，这也是一种创新。然而，每个人对新知识的吸收能力都不同，有的人能够轻松吸收各种新的知识，而有的人则怎么也学不会新的技能。

尤其是一些后进生，他们听老师讲课的时候总是云里雾里，无论他们怎么努力都无法吸收新的知识。反之，一些在大家眼中天资聪颖的同学，他们总能够很好地理解新的知识，并且很快就能将它们转化成自己的知识。

可是，人与人之间的天赋差异有那么大吗？绝大部分人在学习上天赋相差并不大。那么，除了天赋之外，影响一个人吸收新知识的关键点究竟是什么呢？

其实，一个人的读书量对于他们吸收新知识是有一定影响的。不知道大家发现了没有，每个人都拥有自己的知识架构，就像一棵树一样，在大脑里生根发芽。知识架构就像是存在于我们脑子里的黑洞，它能够将一些外在的、零散的知识吸入其中，然后将其转化，最终变成自己的知识。

我们脑海中的知识架构越丰富越庞大，我们就越容易抓住那些零碎的知识，并将它们纳入到自己的知识体系中。很多同学之所以能够轻松地记住那些零散的知识，原因就在于他们脑子里的知识架构足够庞大，能够十分轻松地转化吸收的新知识。

而那些很少读书的同学，由于他们的知识架构不够丰富，对于很多新的知识他们都无法理解，就像是没有办法跟存活在夏天的虫子解释冬天的寒冷一样。知识架构薄弱，不仅会让我们错过许多有趣的课外知识，甚至还会让我们在课堂上错过许多重要的知识点。

在学习的过程中，大家有没有经历过力不从心的感觉？面对新的知识时，总会觉得脑子不够用，或是觉得新的知识十分抽象？如果你的答案是“对”的话，那么很明显，你的知识架构尚不足以帮助你吸收那些零散的知识。因此，如果想要更进一步地学习更多的知识，我们必须通过不断学习来丰富自己的知识架构。

首先，我们可以通过读书，借助书本里的知识，丰富自己的知识架构。知识是我们从书本中得到的最直观的收获。多多读书，不仅能够让我们更有智慧，让我们更深入地了解不同的领域，同时它也能够为我们带来一些生活上的小技巧，让我们能够更加淡定从容地面对生活。

当我们看到傍晚的天空一片橙红时，如果我们读过《火烧云》这篇课文，我们就知道天空为何变了颜色。如果我们还学习了地理知识，我们对火烧云的理解还会更加深入。

除了获取知识之外，我们还能够通过读书，了解作者的思想。每一本书都倾注了作者的心血，同时也是作者想法的表达。

我们读完一本书以后，多少会对书中的内容有所思考。其中，有些思考可能会比原作者的想法更加深入，有些则可能是对作者的想法不予认同。但不管怎样，这些思考日后很可能会成为我们行动的指引，甚至还会影响我们的价值观的形成。

还有一部分经典书籍会给我们带来力量，我们总是需要借助它们，帮我们击败生活中的各种困惑和迷茫。最重要的是，书本为我们带来的力量是任何人都不能给予的，那是我们通过思考得来的果实，将会陪伴我们一辈子。

不管是借助书中的知识巩固基础也好，还是把作者的思想转化成自己的想法也罢，这些都能够丰富我们的知识架构，让我们能够在更坚实的基础上进行创新学习。

创新是在足够的积累上发生的过程，需要我们拥有稳固的知识基础，要想做到创新，最好的方法就是大量阅读。通过大量阅读，我们可以快速地建立起自己的知识架构，不断产生新的想法，同时源源不断地吸收各种新的观点。

所以，在空余的时间里，我们不妨多多阅读。读书只会让我们越来越聪明，那些读过的书最终都会成为我们知识架构的一部分，扎根在我们的脑海中。

细节源于生活，培养敏锐的观察力

敢于破旧迎新的人，

才能成为生活的主人；

敢于推陈出新的人，

才能成为学习之路上的强者。

说起创新，有同学觉得幻想自己拯救世界是一种创新；也有的同学觉得将鸡蛋埋在土壤里，等着它突然结出“鸡蛋果实”是一种创新……其实，这些都不是真正意义上的创新，真正有意义的创新，都是源自生活并且能够应用到生活当中的。也就是说，幻想自己能长出翅膀并不是一种创新，像莱特兄弟一样，将想法应用到生活中，并且发明了世界上第一架飞机，才是真正意义上的创新。

因此，要做到创新，我们首先需要学会读懂生活。从古到今，许多创新的发明都是源自对生活的观察。我们都很熟悉“鲁班造锯”这个故事，鲁班之所以能发明出锯子，就是得益于他出色的洞察力。当我们开始真正地懂得去留意周边的生活时，我们的脑子里往往会衍生出各种有趣且新颖的想法。

敏锐的观察力也能够在学习的过程中，助我们一臂之力。长期注意对生活进行观察，会让我们的思维变得更加清晰，对其他种种细节的洞察也更加细致，从而使得想法也变得更加多样化。

相信大家家里都会有一台电视机，可是大家又是否知道电视机究竟是谁发明的呢？说出来你们可能不相信，发明电视机的并不是著名的科学家，而是一个16岁的孩子——菲洛。

在1922年的里格比小城里，一个叫菲洛的男孩刚刚过完他16岁的生日。这个腼腆的男孩非常羞涩，除了平日跟老师交流之外，他基本没有其他的朋友。

于是乎，孤单的菲洛开始设想：能不能让生活中一些有趣的事物在同一个地方呈现出来呢？如果真的可以实现的话，那么我们的生活一定会变得更加丰富。

自从萌生了这个想法以后，菲洛开始苦读科学知识，并且遇到了他的恩师托尔曼先生。有一天，托尔曼先生放学后经过教室，发现菲洛依然待在教室里，用粉笔在黑板上写写画画。托尔曼走上前去，问："菲洛，你在做什么？你画的是什么呢？"

菲洛看老师前来，于是饶有兴趣地给老师讲解自己的想法："我想搞发明，这是我想要做的发明的图样。"

托尔曼先生笑了笑，说："我没怎么看懂，你发明的是什么呀？"

菲洛放下粉笔，说："我想做一个能够无线传递图像的东西，老师你能听我讲解一下吗？我相信你一定能够理解我的想法。"

"无线传递图像？"托尔曼先生沉思着，他不敢相信眼前的这个男孩竟然能够有如此惊人的想法。要知道，在1922年的时候，无线电广播才刚刚普及，无线传递声音还是当时最新的科技发明。

可就在这一年，第一台电视机的图样竟然被一个年仅16岁的男孩写在了黑板上。那天，托尔曼先生与菲洛聊得很晚，托尔曼先生就他的图样向菲洛提出了许多问题，菲洛头头是道地用数据与理论回答了托尔曼先生的提问。

那一年，菲洛怀揣着发明电视机的想法，努力钻研，不断提升自我，终于在1926年的夏天，他迎来了把想法变成现实的机会。

来自旧金山的一名实业家在一次偶然的机会中，听到了菲洛的想法，很快，他便被菲洛的想法给吸引了。这名实业家利用他在商界的身份，为菲洛筹集了两万多美元，这笔钱让菲洛实现了他的梦想，发明了世界上第一台电视机。

创新的想法很多都是源自生活，当我们的需求在生活中得不到满足的时候，我们便很容易产生各种有意思的想法。同样道理，当我们在学习中感觉到自己的需求得不到满足的时候，我们也可以开动脑筋，想出各种新办法满足自己的需求。

比如说，当我们感到枯燥的时候，可以尝试着跟同学一起学习，互相督促；做数学题时，由于解题步骤太过复杂而感到无趣的时候，不妨试着换一种思维去验证答案；当背了大半天英语单词却还是记不住的时候，可以把单词对应的物品一一找出……创新其实很简单，只要我们带着一颗求知的心，全心全意地去感受生活，那么我们就能够成为生活的主人，用智慧为自己的生活带来新鲜的元素。

读书学习也一样，只要我们投身于知识的海洋中，创新出适合自己的学习方法，那么我们一定会在求知的路上收获满满。

自信，成就卓越人生

面对质疑我们不必担心，

更不用急于辩驳。

只要我们坚持不断学习、用心成长，

我们的未来会一片光明。

创新不仅仅需要知识储备与超强的洞察力，同时需要勇气的参与。有了攻克难关的勇气，往往能够找到更好、更新的方法；有了敢于发问的勇气，才能够跟前辈或师长一同实现创新；有了跨越失败的勇气，才能够不断突破自我，让新的想法成为现实。

也许很多同学会说，道理我们都知道，可是实际上践行起来却没有那么简单。事实上，拥有足够的勇气并不是每个人与生俱来的优秀品质，很多时候我们在面对外部的质疑、对自己产生了不自信时，需要通过后天培养的勇气去反击。

曾经有一个孩子，他在7岁那年第一次看到了魔术表演，自此便一发不可收地爱上了这个神奇的玩意儿。那一年，他将自己所有的零花钱都存起来，买下了人生中第一个魔术道具。

对魔术的痴迷，使得他利用所有课余的时间去练习魔术。有一次下课的时候，他一如既往地在练习“空中来钱”的魔术，可他不小心失手将硬币滚落到了准备上课的老师脚边。气愤的老师当场没收了他口袋里的硬币，并且责备了他一番。

他羞红了脸站起来，对着老师说了一句："老师，我将来一定会成为一名魔术师。"他的话不仅让老师无法理解，还引起了班里同学的哄堂大笑。

不仅如此，家长在得知他的志向以后更是百般反对，在老一辈的家长看来，魔术师非但不是他们对孩子的期盼，也是一个"不务正业"的职业。

但这个孩子却并不这么想，他认为自己既然能够为魔术痴迷，那么肯定还有很多人喜欢魔术。他暗下决心，日后一定要当一个伟大的魔术师，将魔术的魅力发扬光大。

这个有着创新想法的孩子，并没有因为他人的态度而放弃自己的梦想。在同学的嘲笑与父母的打骂下，依然坚持着自己的梦想。有一天，内向羞涩的他走上了校庆的舞台，他向全校的人宣布："未来我一定要实现我的魔术梦！"

随后，他在全校师生的笑声中，开始表演硬币穿盒术，当硬币成功穿过盒子的时候，会场顿时爆发出了雷鸣般的掌声。

这一次，他的表演轰动了全校，他的魔术师之旅也因此揭开了序幕。在他12岁那年，他精彩的表演让他赢得了儿童魔术大赛的冠军。他举起奖杯，激动的眼泪夺眶而出，他的父母也终于开始理解他的坚持与梦想。

22岁那年，他首次参加世界魔术比赛，凭借着扎实的功底与出色的技术荣获亚军，这让魔术界都震惊了。他拿起奖杯的时候，朝着台下的父母深深地鞠了一躬。父母的质疑与嘲笑，终于在他的自信与坚持中烟消云散。

在各种世界级的魔术大赛中，他一连获得了十多次世界级大奖，他的坚持与努力让他崭露头角，连续多年荣登央视春晚舞台，成为世界上最有名气的青年魔术师之一。他用出色的成绩去回击各种各样的质疑，他的魔术师之路也开始越走越宽广。

他就是刘谦，是中国人人熟知的魔术师，被人称为“现实版的哈利·波特”，他的魔术表演更是获得了人们的一致称赞。

试想一下，如果当时刘谦因为他人的质疑而选择了放弃，那么他又怎么会拥有当下的辉煌呢？他之所以拥有现在的一切，完全得益于他的自信和坚持，如果没有足够的自信和坚持，那么他恐怕将会在别人对自己的质疑中渐渐放弃梦想，忘记初心，最终泯然众人，庸庸碌碌地度过一生。

很多时候，我们的想法也会遭到身边人的质疑，甚至我们的梦想还会遭到他人的嘲笑。这时候，我们需要不断地培养自己的自信心，坚信自己能够实现自己的理想，一定会在日后成为自己想要成为的那种人。面对质疑我们完全不必担心，更不必给予辩驳。所谓“念念不忘，必有回响”，只要我们坚持学习、用心钻研，我们的未来会一片光明。

勇于表达自我，建立健全人格

曾经的我们，
不开心了就号啕大哭，
开心了就放声大笑。
但是随着年龄的增长，
我们却渐渐失去了自由地表达自我的能力。

表达是每个人与生俱来的能力，在我们还是婴儿的时候，我们就懂得用哭声去表达饥饿与不适，也懂得用笑容去表达快乐与愉悦。但是，随着年龄的增长，我们很多人却渐渐变得不再愿意表达，甚至不敢去表达。

不知道从什么时候开始，我们会关注别人的目光，在意别人对我们的看法，我们不再去表达自己的新看法，而是选择了紧闭嘴巴，没有了表达自己观点的自信与勇气。

曾经有一名小男孩向我诉苦——

“今天上课的时候，老师在课堂上提了一个问题，我的脑子里立马就想到答案了。然而，我看了看周围，发现大家都没有举手，我一时间就慌了，不知道是不是自己想得太简单，又担心我的答案是错的。

“后来，老师看没有人举手回答问题，就一脸失望地公布了答案，没想到那个答案跟我想的一样。当我激动地把这件事情告诉同桌的时候，反而遭到了同桌的质疑。唉，当时的我可不高兴了，因为自己不敢发言，甚至连同桌都不相信我。”

相信很多同学都经历过这样的事情，明明自己能再勇敢一些，能够获得大家的尊重，可是很多人却由于不自信而不敢表达自己的想法，事后又后悔不已。

更重要的是，我们在读书的时候如果对这种不自信、不敢表达的坏习惯置之不理，那么长大以后我们还是不敢去表达自己，这可能会严重影响到我们日后在社会上的交际与发展。

所以，在我们还处于学习的年纪时，必须克服自己不敢表达的缺点，要尝试着让自己在人群中表达自己的观点，并努力让自己的想法正确地传递到他人的脑海中，尽可能地让对方理解或接受自己的见解。

表达自己观点的小技巧

1.给自己表达的勇气

很多同学喜欢把话憋在心里，明明自己十分想表达对某件事情的见解，却总习惯把话藏在心底。因为，他们害怕一旦把话说出去以后，就再也收不回来。

很多时候，我们并不是害怕表达，而是害怕表达给自己带来的“麻烦”，我们害怕说出来的话会遭到别人嘲笑，也害怕说出口的话给他人添麻烦。

其实，我们并不需要如此担忧，能够表达自己的观点也是生活的乐趣之一。如果人人都敢于表达，那么我们都可以了解他人的观点，我们的生活将变得更加丰富多元。时刻做好开口的准备，放心地表达自己的看法吧！

2.不要想到就说

当然，也有同学习惯将自己的观点“脱口而出”，这些不经思考就说出的话，往往会让人感到不适，甚至还会因为不严谨的表达而导致一些误会，产生不必要的纠纷。

所以，我们开始表达之前，首先要让话在我们的脑子里转几圈，做到“三思而后行”，多想想别人听了以后的感受，仔细琢磨自己说话的内容，力求以一种稳妥的方式将话说出来。

学会准确地表达自己是我们成长路上的必修课，只要我们勤加练习，让自己说话的内容更加严谨，不久以后我们定然可以成为一个好的“表达者”。

3.话不要说满

要知道，我们说的每一句话都是要负责任的，所以我们哪怕有百分之百的自信与勇气，也要做到“话不说满”。当然，我们也不能因为自己可能会因为说话而犯错，就不敢开口。

所以，我们在表达的时候，要留有三分余地，不能狂妄自大地把话说死。将“绝对是这样”变成“很可能会这样”，多为自己留一条退路。这并不是不自信的表现，谨慎的表达会让我们少走许多弯路。

| 第十五章 |

比好好学习更重要的，是好好做人

有了好的品格，才有好的未来

对父母要有孝心

尊师重道，勿忘师恩

懂得承担，才是真正的成长

不骄不躁，稳步前行

有了好的品格，才有好的未来

真正的成功者都是德才兼备的，

有了足够的知识，

他们可以为社会更好地奉献出自己的力量；

有了好的品格，

他们才能把智慧都用到正确的地方。

但丁有一句名言：“人不能像走兽那样活着，应该追求知识和美德。”我们作为一名学生，也不应该只是追求知识，更要将培养自己良好的品格放在第一位。好的品格在很多时候可以弥补智慧的不足，但智慧却永远不能弥补一个人在品格上的缺陷。

所以说，培养良好的品格，是每一个读书人要做到的事。

在本书的开始，我们已经探讨过读书的意义。在良好品德的基础上发挥自己的潜能、掌握更多知识去奉献社会，是我们每一位学生的义务。

可能有同学坚持认为，作为学生的我们就应该好好读书。其实，在学校的群体生活中培养自己的优质品格，比获取知识更重要。

如果一个人拥有渊博的学识，但却为了追逐世俗意义上的成功而不注意品格培养的话，他也许能够获得一时的成功，但他的未来可能就一直在为了物质而奔波，而无法享受到一刻宁静的人生。唯有拥有了一个良好的品格，我们的未来才会变得更加从容、更加有意义。

郭汲是东汉时期的大司空，他一生为官清廉，为百姓谋利益，并且经常微服私访，解决民间疾苦。郭汲每经过一个地方，都会受到百姓的夹道欢迎。

有一次，郭汲被上级派往美稷县巡查。当他离城门还有几里时，郭汲发现已经有数百名孩子骑着竹马在两旁迎接。

郭汲见到这种情况，很是好奇，问："这些孩子为什么都跑到这里来呢？"其中一个孩子回答说："听说使君到来，大家都非常高兴，所以就自发前来城门欢迎。"

郭汲听后，立即从马上跳了下来，向眼前的数百名孩子辞让致谢，并在大家的簇拥下走进了县城。到了美稷县以后，郭汲仔细阅读了近年来未解决的冤案，马上进行审理。另外，他又到农户家走访，慰问贫困百姓。郭汲所到之处，百姓都展开了笑颜。

郭汲完成了美稷县的所有公务，于是准备前往下一个县考察。没想到刚走到城门，那群孩子又骑着竹马前来相送，并且一直送到了郊外。其中有一个孩子问："使君哪一天回来？我们还要来相迎。"

郭汲让助理算了一下日期，将自己回程的时间告诉了孩子们。由于郭汲工作效率极高，比原定时间早一天完成了公务。为了不失信于孩子们，他不得不在野外露宿一晚，直到第二天方才入城。

郭汲的故事告诉我们，一个有着优秀品格的人，必然会成为一个受人敬仰的人，还会因此而得到更多机遇的垂青。好的品格就像阳光一样，既能让自己发光，也能够照亮他人。所以，培养良好的品格十分重要，它能够让我们形成正确的价值观，让我们得到更多人的认可，在面对困难和挑战时，也会得到更多的人帮助。

真正的成功者，都是德才兼备的。有了知识，他们可以为社会更好地奉献出自己的力量；有了好的品格，他们才能把智慧都用到正确的地方。

我们可以错失获得世俗成功的机会，可是永远都不能失去一个人应有的品格，它们是：对父母孝顺、对老师尊敬、与旁人交往时保持谦逊、敢于承担责任。拥有了好的品格，我们才能成为一个顶天立地的人，拥有比物质更加宝贵的财富。

对父母要有孝心

我们茁壮成长的背后，
是父母无怨无悔的奉献；
而我们作为子女能做的，
就是对父母有孝心，
让自己成为父母的骄傲。

在这里，我先问大家一个问题：大家觉得究竟什么才是最重要的呢？可能有的同学会觉得学习最重要，也有的同学觉得开心最重要，但这些都不是我想要的答案。

大家都知道，有一句古语叫“百善孝为先”，意思就是在生活中所有的事情，都比不上孝顺重要。

向父母尽孝道是我们每一个人都应该履行的义务，是我们应该毫不犹豫去做好的事情。将父母放在心上，不辜负父母的期盼是一个人应有且必备的良好品格。

陈毅作为我国的开国元帅，对国家的发展做出了不可磨灭的贡献。同时，他也是一个孝敬父母的人。1962年冬天，陈毅元帅出访归来，经过家乡时，他想起自己已经多时未见到老母亲了，于是便抽空回家探望。

那时候，陈毅的母亲年事已高，身患重病的她瘫痪在床，生活不能自理。她听到陈毅回了家，心里非常高兴。然而，当母亲准备向儿子打招呼的时候，她突然想起自己刚刚换下来的脏裤子还在床边，于是便让别人将它藏在床底下。

看到年老的母亲，陈毅内心非常激动，他连忙上前，握住母亲的手，关切地询问她的近况。聊了一会儿，陈毅问母亲："娘，我刚进来的时候，您把什么放在床底下了？"母亲看陈毅已经发现了，只好说出真相。

陈毅听了以后，叹了口气，说："娘，您长期卧床，儿子却不能陪在您身边，这是我的失职。这裤子应该是我去洗，您何必藏着呢！"母亲听了以后感到十分为难，一旁的仆人见状连忙抢着去洗裤子。陈毅挡在仆人面前，说："这让我去洗，我小时候娘不知道为我洗了多少尿裤，我就是余生都给娘洗尿裤，也报答不了娘的养育之恩。"

母亲看到身为大元帅的儿子为自己洗尿裤时，感动得眼泛泪花。陈毅元帅可以说是一位伟大的英雄人物，日理万机的他却念念不忘家中的老母亲。他在百忙之中抽空回家探望身患重病的母亲，对母亲嘘寒问暖，还为母亲洗尿裤。也许，在我们看来这只是一些微不足道的小事，可是这些小事却能够让我们看到他对母亲的孝与爱。可惜的是，很多同学却没有尽到我们应尽的孝道，甚至很多时候还会对父母恶语相向。

生活中，我们很容易将父母的爱看作是负担与要求，比如说父母希望我们好好学习，以后能够过上更好的生活，我们却觉得父母是在强迫自己做不喜欢的事情；当我们因为成绩下滑而遭到父母的训斥时，我们又会对父母心存怨念……

很多时候，我们都只顾着自己的感受，忽略了父母的付出。学习的确是一件辛苦的事情，父母要求我们努力学习，是为了让我们拥有更好的将来；

被父母训斥虽然会让我们感到不开心，可是父母之所以会这么做，也是出于对我们的殷切期盼。

《游子吟》里有这么一句："谁言寸草心，报得三春晖。"为了我们能够更好地成长，父母耗费了多少心力；为了给我们营造一个舒适的成长环境，父母也许拼尽了全力。我们难道却要将这些倾其所有的付出，当成是负担吗？

父母的爱是不求回报的，作为子女的我们也应该竭尽全力去报答父母的爱，正如《弟子规》上写的："亲所好，力所具。"意思就是说，只要是父母希望我们去做的，我们都必须尽力完成，这是我们应该尽的孝道。所以，不管是在学习上还是在品格修养上，我们都必须做到尽善尽美，不让父母感到失望。

我们茁壮成长的背后，是父母无怨无悔的奉献，而我们作为子女能做的，就是对父母有孝心，让自己成为父母的骄傲。

尊师重道，勿忘师恩

在茫茫的成长之路上，

老师就是一盏引领我们前行的明灯。

每一个同学对自己的老师都很熟悉，不知道大家有没有什么想要对老师说的话？也许有的同学会对老师说一声感谢，因为是他们让我们学到了更多的知识；也许有的同学会对老师说一声抱歉，因为我们总是让他们生气。可能还有很多同学不知道自己该对老师说什么，因为他们已经对老师感到厌倦，老师总是不断要求我们进步，不厌其烦地跟我们讲许多人生的大道理。

很多高年级的同学的学习压力很大，慢慢地他们就会把学习的压力转移到老师的身上。明明是自己效率太低，没有足够的时间完成作业，他们却认为是因为老师布置了太多；明明是自己平时顾着玩闹而没有复习，他们却觉得成绩下滑是因为老师没有尽到提醒的义务。

可能每个同学都有对老师感到厌烦的时候，可是回过头一想，老师这样做也是在关心我们。他们完全可以任由我们消极学习，对我们不闻不问，可是他们却始终以一种奉献的态度去对待每一位学生。所以，我们应该先学会如何尊师重道，学会报答师恩。

北宋著名理学家杨时在年幼的时候，便对恩师无比尊重。杨时天资聪颖，7岁能写诗，8岁便可作赋，15岁那年他更是荣登进士榜，成为家乡人人皆知的神童。

年少成名的杨时，对他的恩师程颐无比尊敬。有一年冬天，杨时因为跟某个朋友在学术上有分歧，他们便约定一同到老师家请教。

当他们顶着寒风来到程颐家门前时，仆人告知他们程颐老先生正在打坐养神。为了不打扰老师，杨时与好友只好恭敬地站在门外，等待老师接见。过了很久，程颐醒来后得知两位学生到访，连忙出门相迎。此时，杨时与朋友身上已经披上了一层薄薄的雪，脚下的雪则积得更厚。

后人把这个故事称为“程门立雪”。同学们现在不妨将自己当成是杨时，如果我们已经有一定的名气，那么我们还会对恩师保持绝对的谦卑吗？

其实，尊师重道的不光是古代人，现代也有很多伟人对老师非常尊敬。很多人尽管已经取得了很高的成就，但是不管他们身在何位，也依然对曾经的恩师无比尊重，这一点十分值得我们学习。

抗日名将李宗仁在幼年的时候，由于家贫无法上学校读书，就跟随一名叫曾其新的老师学习知识。曾其新老师弯腰驼背，经常被人戏称为“曾背锅”。李宗仁并没有嫌弃老师外形丑陋，并且将老师当作父亲一样尊敬，认真地跟随老师学习知识。

李宗仁长大以后，成为赫赫有名的将军，这时候的他风头无两，名利双收，可他却从来没有忘记自己的老师。在一次偶然的机会中，李宗仁得知老师年老无依，就决定让老师长期随军出行，自己出钱奉养恩师，甚至还派人到司令部驻地附近专门修建了一所房屋，让老师居住。

反观现在的很多同学，他们有舒适的学习环境，也遇到了尽心尽责的老师，可是他们却不懂得珍惜学习的机会，有的同学甚至经常在课堂上与老师对着干：破坏课堂纪律、故意不交作业，还有的同学公然在课堂上跟老师抬杠……这些行为都是大错特错的。

老师的一举一动都与我们的成长相关，他们的恩惠我们是很难具体地去偿还的。正如东晋学者葛洪说的那般：“明师之恩，诚为过于天地，重于父母多矣。”在他看来，老师在我们成长路上所施的恩惠甚至比父母更甚，一位好的老师能够让我们更快地成长。

在茫茫的成长路上，老师就像是一盏照亮我们前行的明灯。不管我们如今是在刻苦求学，还是已经小有成就，恩师曾经的教育，我们都应该时刻铭记在心。

懂得承担，才是真正的成长

一个人只有懂得了承担，

才意味着他开始真正地成长。

1920年，有一群孩子在院子里踢足球，突然间一个小男孩不小心把足球踢到了邻居的大院里，砸碎了邻居家的玻璃。

得知自己闯祸后的他并没有像其他小伙伴一样逃之夭夭，而是主动向那个愤怒的邻居认错。这名邻居并没有原谅小男孩，向他索赔了12.5美元的补偿费。

然而在当时，12.5美元是够买125只母鸡的钱，对这个年仅11岁的小男孩而言，这无疑是一笔天文数字，他根本没有办法赔偿这么一大笔钱。小男孩找到了父亲主动承认错误，父亲得知事情的始末后一言不发。最后，父亲告诉小男孩说：“你应该对自己的错误负责。钱我可以先借给你，可是你必须在一年之后还我。”

从此之后，这个小男孩在上学之余，开始了他的打工生活。由于当时他年纪小，不能干重活，只能到餐厅帮别人洗碗，他还利用课余时间捡破烂赚钱。半年后，他终于存够了钱，将欠父亲的12.5美元还清了。

这个小男孩就是后来的美国总统里根。里根当上美国总统以后，有人提起这件事，里根说：“正是这一次闯祸之后，我才开始懂得做人的责任。”

像里根这般有责任心的人，内心从来不会缺少力量，他们拥有高尚的灵魂与优秀的品格。我们在成长的过程中，也会遇到很多突发的情况。有的孩子在遇到问题的时候，表现恰恰与里根相反，他们不愿意承担责任，无论是在学校还是在家中，总是一副任性妄为的模样，等着家长来给自己解决问题。

在家的时候，很多同学都不愿意主动承担家务，甚至有的同学认为那是家长应该做的事情，跟自己无关；有的同学平时在家喜欢指点家长做事，觉得自己只要负责学习即可；还有的同学只顾着自己开心，根本不在乎父母为自己付出了多少心思，操了多少心。

有的同学在学校的表现也不尽如人意：父母辛辛苦苦地挣钱供我们上学，可实际上他们到了学校并没有认真听讲，作业基本都是随随便便敷衍了事。

这些都是我们不负责任的表现，我们存在和成长的意义不单单是为了自己快乐，也不仅仅是为了学习，还要培养自己的责任心。否则，我们的责任感便会一直停留在儿童时代，这并不是一件好的事情。一个人只有懂得承担，才意味着他开始真正地成长。

梁启超说："人生于天地间，各有责任……自放弃其责任，则是自放弃其所以为人之具也。是故人也者，对于一家有一家的责任，对于一国有一国的责任。一家之人各放弃其责任，则家必落；一国之人各放弃其责任，则国必亡。"虽然，身为学生的我们所承担的责任并不如一家之主、一国之君那么重大，但我们必须从小培养勇于承担的优秀品质。

美国作家刘易斯有一句话："尽管责任有时候让人烦厌，但若是不敢担当的人，那只能被称为懦夫。"我们在想着要逃避一些事情时，不妨想想日渐年迈的父母，想想身边人的期盼，想想我们应该承担起哪些责任。

要将自己的责任承担起来，最好的办法就是努力地学习，让自己变得更加强大。

培养责任心的小技巧

1.明白什么是责任

很多同学会问，我愿意成为一个勇于担当责任的人，可是我并不知道责任是什么。

根据《新华字典》的解释，“责任”可以有两种含义：一是我们分内的事情一定要完成。也就是说作为学生的我们应该好好学习，尽自己最大的能力去做好自己该做的事情。如作为孩子的我们，应该主动为父母分担一些力所能及的家务，等等。二是我们没做好分内事情的时候应该主动承担过失。就如里根一样，他破坏了他人的财物，勇于主动承担，担当起自己应负的责任。

简言之，责任就是我们的分内之事，我们要履行我们应该承担的责任。

2.给自己建立一张“责任表”

如何给自己做一张责任表呢？首先我们要明白，责任是建立在身份上的，我们是父母的孩子、是同学的好伙伴……把自己的身份梳理清楚以后，我们就可以站在不同的立场上思考自己应尽的责任，并且将它们记录在表格上。

3.寻找严格的监督人

每个同学都曾经有过制订计划而无法实施的经验，这时候我们可以请我们的父母当监督员，对我们的行为进行监督。

不骄不躁，稳步前行

水满则溢，

这是我们都知道的道理。

如果不把那些没用的东西扔掉，

我们又怎么能够拥有更大的天空？

不知道同学们有没有听说过《两小儿辩日》的故事。我国伟大的教育家孔子，有一次他在路上行走的时候发现两个孩子在争辩不休，好奇的孔子连忙走近，看看两个孩子究竟为了什么而争辩。

走到两人身旁时，孔子听到其中一个孩子说："我觉得日出的时候，太阳离我们最近，等到中午的时候太阳就离我们越来越远了。"

另一个孩子说："才不是呢，中午的时候太阳离我们才是最近的，早上的时候太阳离我们还有点远。"

第一个孩子又开口说："太阳刚刚升起的时候大得就像车轮一样，到了中午的时候，它便成了一个'碟子'，这难道不正是远小近大的道理吗？"

孔子听了以后顿觉有理，过了一会儿，另一个孩子又说："不对不对，刚刚日出的时候，我们感受到的天气是清凉的，而中午的时候天气就变得热了起来，这难道不是远凉近热的道理吗？"

两名孩子争辩了一早上都没有得出结论，他们把目光投向了大教育家孔子，然而孔子一时间也没有办法判定这两个孩子谁对谁错。

看到孔子的窘境，两名孩子笑了起来，说：“你不是大学者吗？大家都说你学识渊博，怎么连这样的问题都判断不了呢？”

听了两名孩子的话，孔子非但没有为自己辩护，反而谦逊地向两名孩子承认了自己的不足。

在这个故事里，我们虽然没有感受到孔子渊博的学识，但是我们对他的尊敬却有增无减。为什么呢？因为在他身上，我们看到了谦逊的态度。当时孔子已经是有名的大教育家，然而遇到了自己无法解决的问题时，他依然保持着崇高的品德。哪怕是面对着小孩子的嘲笑，他也没有摆出学者的架子，更没有斥责孩子胡闹。

正如孔子所说的那样：“知之为知之，不知为不知，是知（智）也。”面对自己无法解决的难题，能够真诚地认识到自己的不足，这是孔子为后人做出的表率——无论我们处于什么身份，都必须保持谦逊。

在学习上，我们也应该时刻保持着谦逊的态度，千万不能因为自己某一科的成绩优秀就沾沾自喜，摆出优秀学生的架子。毕竟，“骄傲使人落后”，当我们感觉自满的时候，很容易错过更多学习的机会，慢慢地就会走上下坡路。

《论语》中有这么一句话：“三人行，必有我师。”就是说不管在什么场合，不管我们遇到什么样的人，我们都能够从他们身上找到值得自己学习的地方。作为学生，我们更应该用这句话来指导自己平时的处事方式。要知道，这个世界上的知识无穷无尽，而我们懂得的知识只有零星的一小点，无论我们有过怎样的荣耀或者成绩，都不是我们骄傲的资本。

水满则溢，这是每一个人都该懂得的道理。如果我们以骄傲的姿态去待人处事，那么就算身边有再多聪明的人，我们也没有办法去获得他们的智慧。在那些不熟悉的陌生人面前，我们更不能表现得太过自满，以免班门弄斧，闹出笑话。

但我们在生活中，是否应该总是摆出一副卑微的样子呢？当然不能。我们在生活中不能骄傲，但却需要时刻对自己保持自信。那么，我们要怎么区分骄傲与自信呢？

骄傲更多时候是一种自吹自擂，对自己真正的能力没有清晰的认知。而自信是发自内心的、相信自己的力量，它建立在我们对自己客观认知的基础上，能够让我们拥有更强大的力量去面对困难。

正如梁启超说的那样："自信与骄傲有异：自信者常沉着，而骄傲者常浮扬。"从今天起，让我们改掉骄傲的坏习惯，成为一个谦逊且自信的人。

后记：
愿你在成长的路上，始终有书香做伴

每个人都对未来充满幻想，却只有很少的同学能找到通往未来的道路。未来究竟是什么样子呢？这个问题让我想起了六小龄童的一句广告语：“苦练七十二变，方能应对九九八十一难。”

作为学生的我们应该尽早想明白，自己究竟要以什么能力，去应对未来的挑战。是依靠年轻的身体和容颜，还是依靠朋友的帮忙与家人的帮助？其实，真正能够让我们在未来的路上一路畅通的，是我们的才华与能力。

年少时的读书时光，就是我们面对未来的资本。读书能够改变我们的未来，能够激励我们不断奋发向上，还能够化作一道亮光，指引我们往更远的道路上走。对于大多数人而言，读书是他们改变命运最快也最有效的途径。

高尔基说过：“书籍鼓舞了我的智慧和心灵，它帮助我从腐臭的泥潭中脱身出来，如果没有它们，我就会溺死在那里面，会被愚笨和鄙陋的东西呛住。”通过读书与学习，我们可以去了解身边的一切，开阔我们的眼界，提高我们的格局，让我们朝着更好的地方发展。

对于青少年而言，读书能够让我们拥有更好的鉴赏能力与认知能力，使我们看到更好的世界。赫尔岑说过：“不读书就没有真正的学问，没有也不可能有欣赏能力、文采和广博的学问。”的确，世界的美好并不是随随便便就能看到的，我们必须有足够的知识储备和优秀的鉴赏能力，才能看到一个美好的世界。

在长大的过程中，我们需要记住一段话：“盖士人读书，第一要有志，第二要有识，第三要有恒。有志则不甘为下流；有识则知学问无尽，不敢以一得自足，如河伯之观海，如井蛙之窥天，皆无识者也；有恒则断无不成之事。此三者缺一不可。”我们对待知识的态度，就是我们对待人生的态度。

所以，我们不妨从现在开始就努力读书、学习，确定自己日后的奋斗方向，一鼓作气，向前奔跑，不要让无知与愚蠢出现在我们日后的生活中。

最后，在这本书的结尾，我送大家一句话：千淘万漉虽辛苦，吹尽黄沙始到金。不管我们在日后遇到多少困难，只要我们坚持以一颗好学的心去面对，总有一天我们会找到自己人生的价值所在，我们的未来也才会拥有无限的可能。

同学们，加油啊，未来正在朝着我们招手！